L'EXPOSITION

DE 1889

ET LES

CONSTRUCTIONS MÉTALLIQUES

PAR

A. DE LAPPARENT

EXTRAIT DU *CORRESPONDANT*

PARIS

E. DE SOYE ET FILS, IMPRIMEURS

18, RUE DES FOSSÉS-SAINT-JACQUES; 18

1889

L'EXPOSITION

DE 1889

ET LES CONSTRUCTIONS MÉTALLIQUES

L'EXPOSITION

DE 1889

ET LES

CONSTRUCTIONS MÉTALLIQUES

PAR

A. DE LAPPARENT

<hr>

EXTRAIT DU *CORRESPONDANT*

<hr>

PARIS

E. DE SOYE ET FILS, IMPRIMEURS

18, RUE DES FOSSÉS-SAINT-JACQUES, 18

1889

L'EXPOSITION UNIVERSELLE

DE 1889

ET LES CONSTRUCTIONS MÉTALLIQUES

I. — LES DÉBUTS DE L'EMPLOI DU MÉTAL

Pour la troisième fois, une exposition universelle vient de s'ouvrir au Champ de Mars. Le sacrifice que l'administration de la guerre avait déjà fait en 1867 et en 1878, par l'abandon de son principal terrain de manœuvres, elle a consenti à le renouveler en faveur des grandes assises industrielles de 1889. Aujourd'hui, en face de l'Ecole militaire, où, devant une ligne de quartiers de cavalerie, l'élite de nos jeunes officiers se prépare aux fonctions de l'état-major, par l'étude approfondie des moyens les plus efficaces que l'homme puisse employer pour détruire ses semblables, se dresse le Palais des Machines. Une rangée de hautes cheminées le précède, par où s'échappe dans les airs la fumée noire du charbon que réclame chaque jour l'entretien de plusieurs milliers de chevaux-vapeur. Il y a cent ans, nos pères, habitués aux métaphores mythologiques, auraient dit peut-être : « C'est Vulcain qui prend sa revanche de Mars. » Mais le contraste est d'une portée encore plus haute. Ce n'est pas seulement aux rudes produits de la métallurgie et aux pesantes machines des ateliers que les exercices militaires ont fait place. Au delà se déroule toute la série des multiples applications de l'industrie, depuis le matériel des usines métalliques jusqu'aux plus délicates productions de la céramique et de l'orfèvrerie. Et tout cela vient aboutir au palais des Arts libéraux et à celui des Beaux-Arts, comme pour marquer que le progrès de la civilisation matérielle n'est enviable que s'il facilite aux peuples l'acquisition d'un plus haut degré de culture intellectuelle et artistique.

Ce n'est pas tout. De même qu'en 1867 l'Exposition du Champ de Mars n'avait pas été absolument sans influence sur le maintien de la paix, compromise alors par les changements qui venaient de s'accomplir dans le vieil·équilibre européen; de même qu'en 1878 le renouvellement de cette fête pacifique avait ôté du moins tout prétexte à ceux qui méditaient de se ruer sur la France, coupable de s'être trop promptement relevée d'un désastre sans précédent; ainsi, et mieux encore, au milieu d'incidents sans cesse renaissants, dont chacun semblait devoir mettre le feu aux poudres, la préparation de l'Exposition de 1889 a clairement attesté, devant le monde, que la France voulait la paix. C'est un bienfait qu'il serait injuste d'oublier, quelque répugnance que puissent inspirer plusieurs des souvenirs historiques auxquels on s'est plu, de certains côtés, à rattacher la date de cette solennité, laquelle, en somme, succède, à onze ans d'intervalle, à celle de 1878, comme celle-ci avait été, onze ans auparavant, précédée par l'Exposition de 1867. Les chefs de notre vaillante armée ont donc bien fait de céder encore la jouissance de leur domaine à ceux qui se proposaient d'y passer la grande revue des travailleurs de la paix. A aucun point de vue, ce service n'aura été perdu. Non seulement des catastrophes imminentes ont pu être évitées, qui auraient entraîné en Europe une lamentable effusion de sang; mais, à la faveur de ce retard, les prodiges de labeur accomplis, dans les arsenaux comme dans les régiments, ont mis les moyens de défense du pays sur un tel pied, que même nos ennemis les plus acharnés et les mieux préparés se sentent contraints d'y regarder à deux fois, avant de tenter une expérience à tout le moins dangereuse. Sachons donc, en dehors de toute préoccupation de parti, saluer comme il convient cette pacifique manifestation du Champ de Mars, où la vitalité de la nation, ses heureuses facultés artistiques, son aptitude à suppléer, par les qualités de certains hommes d'élite, à l'insuffisance ou à l'incohérence des gouvernants, viennent de s'affirmer avec tant d'éclat. En vérité, le moment serait mal choisi pour se tenir à l'écart, quand de tous côtés les étrangers affluent, pour rendre au génie français un hommage spontané; quand, par une bizarre contradiction du sort, il est donné à nos hôtes de rencontrer chez nous une sécurité, une facilité de vie, une aménité de rapports, une paix sociale, dont ils chercheraient en vain l'équivalent chez ceux qui, dans l'enivrement de leur puissance, se sont rendus coupables, à l'égard de la France, des plus blessantes insinuations; quand enfin la nature elle-même se met de la partie, nous accordant, après vingt années constamment marquées par quelque désordre des saisons, un printemps régulier, une végétation superbe, un ciel lumineux et chaud, en un mot, tout ce qu'on pouvait souhaiter de mieux pour faire valoir les merveilles que l'art et l'industrie viennent d'enfanter à Paris.

Chacune des expositions qui se sont succédé au Champ de Mars s'est distinguée par un caractère spécial, et le cadre, en apparence si uniforme, des exhibitions internationales n'a cessé d'y revêtir de nouveaux aspects. En 1867, on admirait surtout la disposition, à la fois rayonnante et concentrique, imaginée par le génie organisateur de Le Play, et qui permettait si bien, soit d'apprécier l'ensemble des produits d'une nation, depuis les machines jusqu'aux beaux-arts, soit de poursuivre, à travers tous les pays du monde, la comparaison systématique des travaux d'une même industrie. Jamais l'ordre et la méthode, ces deux qualités essentiellement françaises, n'avaient brillé d'un plus vif éclat, et beaucoup pensaient qu'après un tel succès, l'ère des expositions universelles devrait être fermée, faute de pouvoir faire mieux. Il est vrai que, si cette ordonnance facilitait merveilleusement les recherches des hommes d'étude, si même elle flattait, chez tout le monde, le goût qu'on éprouve naturellement pour les choses bien classées, l'art et le plaisir des yeux étaient loin d'y trouver leur compte. Malgré ses proportions grandioses, la galerie des Machines produisait, par la constante courbure de son axe, un effet qui n'avait rien d'architectural ; et l'œil était encore moins satisfait par l'aspect extérieur de cette immense rotonde de fer et de verre, dont quelques oriflammes, plantées sur des apparences de clochetons, venaient seules rompre la monotonie.

En 1878, l'état politique général et, notamment, l'abstention de l'Allemagne, qui consentit, seulement en dernière heure, à se faire représenter par quelques œuvres de peinture, aurait suffi pour rendre illusoire la reproduction pure et simple du plan de Le Play. On se rabattit sur l'effet extérieur, et tandis qu'on édifiait, en bordure sur la Seine, un immense vestibule qui, malgré quelques défauts, ne laissait pas que de produire une impression satisfaisante, les architectes prenaient possession du Trocadéro. Certes, ce qu'ils ont fait à cette occasion n'est pas de nature à rendre jalouses, dans l'autre monde, les grandes ombres des Perrault, des Mansart, des Gabriel. Du moins doit-on reconnaître qu'ils ont installé, en face du Champ de Mars, un décor assez agréable, surtout le soir, quand des cordons de lumières s'étagent le long des cascades et lors des grandes fêtes, quand les tours et les colonnades servent de prétextes à de riches illuminations. D'ailleurs, comment ne serait-on pas indulgent pour le Trocadéro, quand on sait qu'il abrite aujourd'hui, d'un côté, l'intéressant musée ethnographique du Dr Hamy, de l'autre, au rez-de-chaussée, l'admirable collection de plâtres où sont si bien reproduits, en grandeur naturelle, les plus beaux spécimens de l'architecture religieuse ou civile depuis le moyen âge?

Tels étaient les précédents, quand l'Exposition de 1889 fut résolue. Tout le monde sait dans quelles conditions difficiles a débuté l'entreprise. Hostilité manifeste des puissances européennes, indifférence d'une grande partie de la nation, éloignement systématique d'un bon nombre de Français, justement blessés de la signification, exclusivement révolutionnaire, qu'un gouvernement de sectaires malavisés s'obstinait à donner à l'œuvre; rien ne manquait, semble-t-il, de ce qui devait fatalement conduire à un échec. Heureusement il y a, pour certaines tâches, des hommes dont le concours s'impose et qui les font réussir malgré tout. Les Expositions antérieures en avaient mis deux surtout en relief; deux hommes de qui tous les partis, sans distinction, n'eussent pas manqué de rechercher la collaboration en pareille occurrence. Nous voulons parler de MM. Alphand et Georges Berger. Depuis plus de trente ans que le directeur des travaux de Paris est à l'œuvre dans la capitale, il a suffisamment fait ses preuves pour que ce soit chose superflue de louer son infatigable activité, son goût artistique, ses talents d'ingénieur, ses facultés diplomatiques, son art à choisir et à encourager ceux qui le secondent, sans parler d'une probité au-dessus de tout soupçon. Quant à M. Berger, associé à l'œuvre de Le Play en 1867, chef de la section française en 1878, organisateur, en 1881, de cette Exposition d'électricité, qui obtint un si légitime succès, nul ne pouvait, mieux que lui, soit combiner, avec le service de la construction, l'heureuse appropriation des locaux, soit stimuler le zèle des commissions, soit amener les exposants à remplir le cadre qui leur était préparé. Et de fait, c'est en grande partie à lui, c'est à l'influence personnelle qu'il avait su conquérir sur les étrangers lors des précédentes expositions, c'est aux relations qu'il s'était partout créées, grâce à un caractère à la fois plein d'entrain et de droiture, que le pays doit d'avoir vu réussir avec éclat, par la participation des industriels et des artistes, nationaux ou étrangers, une entreprise dont, jusqu'à la dernière heure, on a pu s'obstiner à mettre en doute, non seulement le succès, mais encore la simple réalisation!

Combien pourtant la tâche était difficile! En dehors de l'appui financier, donné avec l'argent de tous les contribuables, qu'elle était maigre, la part des pouvoirs publics dans la préparation de l'œuvre! Du côté du gouvernement et des Chambres, un manque absolu d'unité d'action, des crises ministérielles incessantes; du côté de la Ville de Paris, une sorte de parti-pris de ne rien faire d'utile. Absorbé par sa rage de laïcisation des écoles et des hôpitaux, le Conseil municipal avait réussi à ajourner indéfiniment l'exécution de tous les travaux qui auraient pu prêter un nouveau charme au séjour de Paris. Les ruines de la Cour des comptes étaient toujours là, plus hideuses que jamais, envahies par une végétation sauvage; à peine si, depuis quelques semaines, un semblant de jardin commençait à se dessiner sur l'emplacement des Tuileries. Ni le boulevard d'Enfer ni le boulevard Haussmann n'étaient achevés. Rien n'avait été entrepris pour effacer les traces de la catastrophe de l'Opéra-Comique. Pas un mètre cube d'eau de source n'était venu se joindre à ce que Belgrand avait autrefois amené dans les réservoirs de Ménilmontant et de Montsouris. Le seul progrès accompli depuis 1878 était l'introduction du pavage en bois; encore l'usage en était-il restreint à un petit nombre de boulevards, alors qu'en moins de dix ans, la ville de Londres avait réussi à assurer cet avantage à presque tous ses quartiers. En état d'hostilité irréconciliable avec la Compagnie du gaz comme avec celle des omnibus, le Conseil s'était enlevé le droit de réclamer de ces deux services des efforts exceptionnels. Enfin, pour comble, la question du métropolitain demeurait toujours à l'étude et Paris se trouvait ainsi, sous le rapport des moyens de communication, en arrière de toutes les capitales de l'Europe. Tout cela, parce que, depuis dix ans, les élus de la Ville-Lumière avaient cru devoir consacrer toute leur énergie, comme aussi toutes les ressources du budget, à chasser Dieu des écoles et à installer dans les hôpitaux le coûteux appareil des infirmières laïques.

N'était-ce pas, dans de telles conditions, une véritable gageure que d'ouvrir l'Exposition de 1889? Pourtant cette gageure a été tenue, et le succès a été immédiat, éclatant. Une fois de plus, on a pu voir combien le peuple français valait mieux, et que ceux qui le mènent, et que la réputation qu'il se laisse trop souvent faire. Honneur donc aux hommes qui ont su procurer à la France un triomphe aussi peu attendu! Que ce triomphe coûte cher, c'est possible; que la liquidation finale en puisse être délicate à divers points de vue, nous ne le contestons pas. Toujours est-il que, pour le pays, c'est une victoire qui, de plus, a eu cet inappréciable avantage de reléguer du coup, au dernier plan, les questions politiques les plus irritantes. Elles étaient donc bien méritées, à nos yeux, ces hautes et rares distinctions dans l'ordre de la Légion d'honneur, que la journée du 6 mai a vu conférer à MM. Alphand et Berger, ainsi qu'aux ingénieurs et architectes qui les avaient si brillamment secondés. Leurs noms, joints à celui de M. Eiffel, qui

porte si haut et si loin la renommée de l'industrie française, méritent d'être prononcés avec quelque gratitude par tous ceux chez
qui vibre encore la fibre patriotique et dont le cœur, trop souvent
attristé par de douloureuses défaillances, a pu battre dans un
sentiment de légitime orgueil, en voyant enfin la France faire de
nouveau, devant le monde, une figure conforme aux dons naturels
que la Providence lui a prodigués.

Si le cadre au milieu duquel se déroule l'Exposition de 1889 est
magnifique dans toutes ses parties, deux d'entre elles, par leurs
dimensions grandioses et par la hardiesse qui a présidé à leur
conception comme à leur exécution, sont surtout destinées à
demeurer devant l'histoire comme la vraie caractéristique de cet
épisode national : il s'agit de la tour de 300 mètres, si justement
appelée par tout le monde la tour Eiffel, et du palais des Machines.

Ce sont deux chefs-d'œuvre de l'art des constructions métalliques, de cet art dont on peut dire que son éclosion remonte
à 1779, date de l'établissement du pont en fonte de Coalbrookdale,
et qui a reçu, en 1788, sa première consécration officielle, le jour
où la Société des Arts d'Angleterre décernait une médaille d'or à
l'auteur de ce travail véritablement nouveau. Comme, d'ailleurs,
c'est en 1790 que l'architecte Louis terminait à Paris la charpente
en fer forgé du Théâtre français, il est vraiment permis de dire que
le *Centenaire des constructions en métal* coïncide presque exactement avec celui de la révolution française, auquel on aurait pu le
substituer avec avantage si, au lieu d'obéir à des préoccupations
de parti, on s'était sérieusement proposé de réunir tous les esprits
dans une commune pensée d'apaisement.

On ne s'étonnera donc pas qu'ayant assumé la tâche d'offrir aux
lecteurs du *Correspondant*, à propos de l'Exposition, quelques
aperçus généraux sur les principales branches de l'industrie, nous
donnions la place d'honneur à l'art des constructions métalliques,
si brillamment représenté au Champ de Mars. Une revue sommaire
des étapes parcourues depuis cent ans par cet art essentiellement
moderne n'offre pas seulement par elle-même un puissant intérêt;
elle cadre bien avec le caractère spécial de l'Exposition, où la tendance historique et didactique s'affirme dans les curieuses séries
d'objets, de modèles et de dessins qu'abrite, sous le nom d'Histoire
du travail, le palais des Arts libéraux. Comme il eût été imprudent
de compter sur un grand nombre d'exposants étrangers; comme,
au surplus, il ne restait pas beaucoup d'instruction à attendre
d'une comparaison, par nationalité, entre les diverses spécialités
industrielles, comparaison tant de fois faite, depuis quarante ans,

à Londres, à Paris, à Vienne, à Anvers, à Philadelphie, à Melbourne, à Barcelone, etc., on a pensé, non sans justesse, qu'il y aurait profit à mettre sous les yeux des visiteurs une sorte de revue rétrospective du développement de chaque branche du travail humain. Par là cette Exposition, où quelques-uns affectent de ne voir qu'un immense champ de foire, dans lequel tout aurait été conçu uniquement pour le plaisir des yeux, offre en réalité, pour les esprits avides de savoir, une ample moisson d'enseignements. Ce ne sera donc pas s'écarter de la pensée qui en a dirigé l'organisation que d'essayer de suivre, à travers les cent dernières années, les progrès successifs de la grande industrie, en commençant par ceux de l'architecture métallique, art complètement ignoré à la veille de 1789, et dont les productions actuelles, figurées au Champ de Mars par deux de leurs types les plus gigantesques, dépassent tout ce que l'imagination la plus hardie eût osé concevoir.

On peut dire qu'il y a cent ans, le bois et la pierre étaient les seuls matériaux employés d'une manière courante dans les constructions. Ce n'est pas que les avantages propres des métaux fussent aucunement méconnus. On savait déjà que le fer présentait, à surface égale, une résistance dix fois plus grande que celle du bois et vingt fois supérieure à celle de la pierre. Sans doute les ouvrages en pierre pouvaient passer pour indestructibles, tandis que le fer, s'il a sur le bois l'avantage de l'incombustibilité, ne peut prétendre, quand il n'est pas soustrait à la rouille, qu'à une durée limitée. Mais une construction n'a pas seulement à supporter l'effet des intempéries ; il lui faut aussi résister à des vibrations, à des chocs, quelquefois à des secousses violentes. Or, à ce point de vue, le fer présente une incomparable supériorité, grâce à ce qu'on appelle son *élasticité*, c'est-à-dire la faculté qu'il a de subir une déformation momentanée, après laquelle, pourvu que la limite de résistance n'ait pas été dépassée, il revient à ses conditions premières. Au contraire, une maçonnerie exposée à de tels efforts, ainsi qu'aux alternatives de la chaleur et de la gelée, voit ses pierres se disjoindre et ses mortiers se fendre. Le résultat est surtout sensible sur les grandes voûtes, qui se lézardent et sont alors menacées d'une destruction prochaine, si on ne rétablit pas la cohésion entre les voussoirs, en les reliant par un corps élastique.

Voilà pourquoi toutes les coupoles, notamment celle de Saint-Pierre de Rome, celle du Panthéon, celle de Saint-Paul de Londres, ont dû à la longue être armées de cercles en fer. La première était maçonnée avec un excellent mortier de pouzzolane, qui d'abord avait paru donner aux pierres une consistance parfaite ; mais la chute répétée de la foudre et quelques secousses de tremblements de terre suffirent pour faire naître des lézardes, dont le fer seul put conjurer l'effet. Quant aux murs verticaux, quoique moins menacés, ils devaient aussi résister, soit à la poussée au vide, produite par les voûtes, soit à divers effets de renversement. Aussi jugeait-on prudent de les armer à l'aide de barres et de crampons, établissant une solidarité complète entre les parties les plus exposées à se séparer.

C'est de cette façon que le métal a été employé, concurremment avec la pierre, dans beaucoup de constructions anciennes. A l'origine, ce rôle était surtout rempli par le bronze, que l'homme a appris à connaître et à manier bien avant que l'usage du fer eût pu se répandre. D'après M. Ch. Normand, on a constaté l'emploi de colonnes de bronze et même de fer dans beaucoup de monuments assyriens et judaïques. Le portique du Panthéon de Rome possédait encore, au dix-septième siècle, une charpente en bronze, qu'Urbain VIII fit enlever pour en composer les colonnes du baldaquin de Saint-Pierre. Chez les Romains, on savait édifier des plafonds par une combinaison de solives de bronze et de poteries, usage qui, de nos jours, reprend, avec les poutrelles en fer, une grande extension.

Au dix-huitième siècle, l'emploi du fer à titre accessoire, dans les édifices en pierre, devait jouer déjà un très grand rôle, si l'on en peut juger par une anecdote, que nous avons entendu conter à propos de l'église Saint-Sulpice. Ce monument, dont la construction, commencée sous Louis XIV, n'a été achevée qu'en 1749, avait donné lieu, de la part du prince de Conti, à d'importants sacrifices d'argent. Fatigué de les répéter, le prince avait résolu de répondre par un refus à de nouvelles obsessions du curé, quand celui-ci le supplia de consentir du moins, comme dernière libéralité, au paiement des *serrures* de l'église. Le grand seigneur finit par se laisser faire et signa l'engagement désiré. Malheureusement pour lui, selon l'écriture du temps, l'*s* du mot serrures se formait comme s'écrit encore aujourd'hui la lettre *f*. Il n'y manquait qu'une petite barre en travers. Le malin ecclésiastique, dit-on, demanda au prince, tout négligemment, la permission de rectifier une lettre mal écrite et, le consentement ayant été donné sans défiance, le prince de Conti se serait trouvé comptable de toutes les *ferrures* de l'église, c'est-à-dire d'une somme d'*un bon million*.

Si l'authenticité de l'anecdote est contestable, ce qui ne l'est pas, du moins, c'est l'importance de la quantité de fer qui pouvait alors entrer dans un édifice, où la complication et la grandeur des voûtes mettaient l'architecte dans la nécessité de multiplier les précautions. Toutefois cette quantité résultait du grand nombre des barres de fer employées, et aucune d'elles n'avait de dimensions considérables. On ne pouvait alors obtenir le fer en barres que par la forge, ce qui limitait singulièrement sa longueur. C'est pourquoi il est permis de dire que, durant cette première période, qui s'est prolongée jusqu'à l'aurore du siècle actuel, l'usage du fer dans les constructions appartient exclusivement à l'histoire de la serrurerie. Pour qu'il en soit autrement, il faudra qu'une révolution s'accomplisse dans les procédés de fabrication du métal. Ainsi ce n'est ni l'ignorance, ni la négligence, ni l'oubli qui ont paralysé l'essor des constructions métalliques ; c'est simplement l'absence de tout moyen de production, qui permît d'obtenir le fer en grandes quantités à la fois et à un prix suffisamment bas. On ne sera donc pas étonné de voir l'enfantement du premier ouvrage métallique de quelque importance si bien lié à un progrès nouveau de la métallurgie, que c'est le maître de forges même par qui ce progrès aura été réalisé qui concevra et mettra à exécution l'idée de la construction nouvelle. Mais, pour l'intelligence de cette relation, il est indispensable de rappeler quelques notions préliminaires.

On sait que la nature ne nous offre pas le fer à l'état natif. Il n'y a d'exception que pour les météorites, où se trouvent des grenailles, parfois des masses de fer allié au nickel ; pour les gros blocs de fer découverts à Ovifak, au Groenland, par Nordenskjœld (et aujourd'hui conservés au musée de Copenhague) ; enfin pour quelques grains de fer nickelé, tout récemment trouvés dans une roche éruptive de la Nouvelle-Zélande. L'état naturel du fer est celui de *minerai*, où le métal est combiné d'ordinaire avec l'oxygène, parfois avec l'acide carbonique. Tantôt l'oxyde de fer est hydraté (et sa composition est alors celle de la rouille) ; tantôt il est exempt d'eau et possède une couleur d'un rouge-sang, qui lui a fait donner le nom d'*hématite*. Quelquefois enfin l'oxyde est noir et attirable à l'aimant ; c'est le minerai dit *magnétique*.

Pour obtenir le fer à l'état métallique, il faut *réduire* le minerai, c'est-à-dire lui enlever son oxygène, ce qu'on fait en le chauffant au milieu du charbon, avec intervention d'un courant d'air forcé. L'art de cette réduction a été connu de très bonne heure, et quelques peuplades de l'Afrique le pratiquent encore sous sa forme la plus primitive. Pendant longtemps, en Europe, le traitement des minerais s'est fait dans des appareils appelés bas-foyers, d'où l'on extrayait directement de petites masses d'un fer malléable ou *fer doux*, qu'on façonnait ensuite au marteau, sur une enclume, pendant qu'il était encore très chaud.

Certaines variétés de fer possèdent la propriété d'acquérir, par une immersion à chaud dans l'eau ou dans l'huile, qu'on appelle la *trempe*, des propriétés nouvelles. Le métal trempé est plus dur, plus élastique, moins malléable et plus cassant à froid; il est alors très propre à la fabrication des armes et des outils tranchants. C'est de l'*acier*. On peut aussi transformer en acier le fer doux, en le chauffant au milieu du charbon en poussière. Enfin l'acier peut être fondu dans des creusets et ensuite coulé dans des moules.

Vers le seizième siècle, la fabrication du fer est entrée dans une voie nouvelle par suite de l'invention des *hauts-fourneaux*, appareils où l'on opère en grandes masses, non seulement la réduction du minerai, mais sa fusion, à la condition d'y ajouter un fondant calcaire, appelé *castine*, qui doit s'emparer des impuretés constituant la gangue et les entraîner à l'état de *laitiers* vitreux. Seulement, ce n'est plus du fer qu'on obtient; c'est de la *fonte*, combinaison de fer et de carbone, dépourvue de malléabilité comme d'élasticité, mais se prêtant mieux que le fer à la compression et susceptible de recevoir, par le moulage, toutes les formes possibles. Des opérations spéciales permettent, une fois la fonte obtenue, de la convertir soit en fer doux, soit en acier. De nos jours, on fabrique une sorte de produit intermédiaire qui, possédant la dureté de l'acier et sa résistance, n'est cependant pas susceptible de se modifier par la trempe. C'est le *fer fondu* (souvent aussi désigné, mais à tort, sous le nom d'acier), très employé pour la fabrication des rails de chemins de fer, qui ont besoin, tout en conservant leur flexibilité, de ne pas s'écraser sous le passage des trains. Ajoutons que, depuis la fin du dix-huitième siècle, la transformation de la fonte en fer se fait dans des fours à réverbère, appelés fours de *puddlage*, où la matière en fusion, étalée sur une large sole, subit un brassage énergique en présence d'un courant d'air, mêlé à la flamme d'un feu de houille. Les masses pâteuses de fer, obtenues par ce brassage, et dégagées des scories qui les entourent, sont soumises, encore brûlantes, à l'action de marteaux-pilons, qui leur donnent de la cohésion en soudant les diverses parties les unes aux autres, pendant que la violence du choc expulse au dehors les dernières impuretés. Il ne reste plus qu'à réchauffer les masses martelées pour les transformer, soit en barres ou en feuilles de tôle par laminage entre deux cylindres de fonte dure, soit en fils de fer, par étirement à travers les trous d'une plaque métallique dite filière.

Ces notions préalables une fois rappelées, transportons-nous en esprit au centre de l'industrieuse Angleterre, juste au début du dix-huitième siècle. Les hauts-fourneaux sont encore bien modestes; ils ne travaillent qu'au charbon de bois et produisent au plus

5 tonnes (5000 kilogrammes) de fonte par semaine [1]. Cependant le pays est prédestiné à devenir, en Europe, la terre classique de la métallurgie du fer. Le minerai y abonde ; les forêts sont encore bien pourvues de taillis et le charbon de terre ou « charbon marin », c'est-à-dire la houille, qui affleure en de nombreux points de la contrée, promet d'amples ressources à celui qui découvrira le moyen de substituer, dans les hauts-fourneaux, le combustible minéral au charbon de bois. Le Shropshire est alors une des régions de la Grande-Bretagne où s'exerce particulièrement l'activité des maîtres de forges. Là serpente la rivière de la Severn, où vient se jeter, à quelques lieues en amont de Shrewsbury, un petit cours d'eau qui tombe en cascades au milieu d'un pays accidenté, couvert de bois, riche en minerais et en castine, recélant de la houille dans les profondeurs de son sol. L'usine de Coalbrookdale, qui a été établie pour profiter de toutes ces ressources naturelles, notamment de la force motrice des chutes d'eau, vient de devenir, en 1709, la propriété d'Abraham Darby. Ce dernier, qui exploitait depuis trois ans l'usine à cuivre de Bristol, a réussi tout récemment, grâce à l'habileté d'un de ses apprentis, John Thomas, à couler la fonte de fer dans des moules en sable, jusqu'alors uniquement appliqués au moulage du laiton. Dès lors sa fortune est assurée et le procédé est jugé de telle importance que, plus de cent ans après, l'atelier de moulage de Coalbrookdale continuera d'être soigneusement verrouillé, pour qu'aucun étranger ne surprenne le secret si laborieusement conquis. Darby meurt en 1717, laissant un fils, comme lui nommé Abraham, qui, en 1730, reprend la direction de l'usine et applique tous ses efforts au remplacement du charbon végétal par la houille. Après bien des tentatives infructueuses, l'idée lui vient, en 1735, au lieu d'employer la houille crue, de la carboniser préalablement en meules, suivant le procédé partout usité pour la fabrication du charbon de bois. Il obtient ainsi du *coke* et, de ce jour, le problème est résolu. Grâce à ce combustible, à la fois consistant et poreux, doué d'une grande puissance calorifique et dépourvu de matières volatiles, dont le départ donnerait une inutile fumée, la réduction du minerai s'accomplit plus facilement, la production des hauts-fourneaux passe de cinq à *vingt-cinq* tonnes par semaine (en attendant que l'emploi de l'air chaud dans les souffleries permette, en 1828, de quadrupler encore ce chiffre). Aussi, quand, après la mort de Darby, son fils (qui porte également le prénom d'Abraham) prendra en 1768 la

---

[1] Aujourd'hui, nombre de hauts-fourneaux arrivent à 80 et même à 100 tonnes *par vingt-quatre heures*.

direction de l'usine, bien qu'il n'ait encore que dix-huit ans, il y fera merveille. La difficulté de couler de grosses pièces ne pouvant plus l'arrêter, le moment est venu pour lui de montrer ce que peut faire le métal, et c'est ainsi qu'il conçoit le projet de jeter, sur la Severn, un pont en fonte d'une seule arche, de 30 mètres de portée. C'est ce pont, exécuté en 1779 avec la collaboration de Wilkinson, qui, neuf ans plus tard, devait valoir à son auteur la distinction que nous avons rappelée plus haut.

Chose curieuse! juste dans cette même année 1779, le célèbre chimiste français Guyton de Morveau était appelé à donner son avis sur deux projets de ponts en fonte, soumis à son examen. Le plus sérieux, émané d'un M. de Maupetit (d'autres écrivent Montpetit), consistait à assembler, en un seul arc surbaissé, de 200 à 250 pieds de portée, plusieurs lames de fer fondu, c'est-à-dire de fonte, formant comme autant de voussoirs. Morveau, dans son rapport (dont le manuscrit est conservé à la bibliothèque de l'Ecole des ponts et chaussées), écrit les lignes suivantes : « Le fer étant la plus solide de toutes les matières de construction, j'ai souvent pensé que l'on pouvait en appliquer l'usage à différents objets et particulièrement à l'établissement des voûtes sur les grandes rivières. » Mais il critique l'emploi de la fonte, à laquelle il préfère de beaucoup le fer forgé; à quoi l'auteur du projet réplique en faisant valoir l'avantage que présente son système de claveaux en fonte évidée, et qu'il propose du reste d'armer, à l'intrados comme à l'extrados, avec des lames en fer doux. M. de Maupetit a d'ailleurs connaissance de la construction qui s'exécute au même moment en Angleterre et l'invoque pour sa justification. Appelée, de son côté, à se prononcer sur la question, l'Académie des sciences en confiait l'examen à une commission, dans laquelle figurait Perronet, le célèbre constructeur de tant de beaux ponts en pierre, dont notre génération admire encore la hardiesse et la légèreté. Naturellement, ces souvenirs influent sur l'opinion des commissaires, qui estiment qu'un pont de trop grande portée coûterait autant et serait beaucoup moins solide en fer qu'en pierre [1].

Enfin, en 1789, un sieur Racle ayant proposé d'établir, à Pont-de-Vaux en Bresse, un pont formé de voussoirs en fonte, l'assemblée des ponts et chaussées, sans rejeter l'idée, pour la réalisation de laquelle elle admettait que les forges de Montcenis pourraient

---

[1] C'est encore à la bibliothèque des Ponts et chaussées que se trouve, en manuscrit, cet intéressant document. Il en est de même de celui que nous citons après.

bien offrir quelques facilités spéciales, indiquait cependant sa préférence pour un ouvrage en charpente.

L'usine de Montcenis, dont il est ici question, c'est la fonderie du Creusot. Ainsi cet établissement, qui a tant fait, dans la seconde moitié de ce siècle, pour la gloire de l'industrie française, était considéré, dès 1789, comme un élément important de notre outillage national.

Il nous a paru intéressant de rappeler ces souvenirs, qui ne laissent place à aucun doute sur la question de priorité en matière de constructions métalliques. Cette priorité appartient sans conteste aux Anglais. Cela devait être, du reste, en raison du rôle prépondérant que la métallurgie était forcément appelée à jouer dans la question. On peut dire que la nature l'avait voulu, en dotant l'Angleterre de richesses minérales, qui nous ont été mesurées avec beaucoup plus de parcimonie. Et il faut ajouter que le pont de Coalbrookdale, construit au voisinage immédiat de l'usine, avait encore l'avantage de ne nécessiter aucun transport de matériaux lourds à grande distance, ce qui facilitait grandement son exécution, à une époque où l'état des communications se prêtait mal au déplacement de pièces d'un grand poids.

Mais si le nom d'Abraham Derby mérite certainement d'être prononcé avant tout autre dans l'histoire des constructions en métal, il s'en faut que le pont sur la Severn ait réalisé du premier coup la meilleure des solutions. L'arche presque circulaire de ce pont était faite de barres en fonte courbes. Il y en avait trois systèmes concentriques, l'un formant l'intrados ou intérieur de la voûte, un autre l'extrados, tandis que le troisième partageait en deux l'intervalle. L'écartement des arcs était maintenu, de distance en distance, par des entretoises en fonte, boulonnées sur chacun d'eux. Ainsi, dans les barres courbes, la fonte travaillait en grande partie par *flexion*, c'est-à-dire dans des conditions très défavorables pour ce genre de matière. Ce qui convient essentiellement à la fonte, c'est le travail par *compression;* car sa résistance à l'écrasement est double de celle du fer et décuple de celle du granite. Aussi, tandis qu'en 1803 on répétait, au pont des Arts à Paris, la même faute qu'à Coalbrookdale (mais avec moins d'inconvénients, puisqu'il s'agissait d'une simple passerelle), les ingénieurs anglais adoptaient, dès 1796, pour le pont de Sunderland, sur la Wear, une solution beaucoup plus rationnelle. Les fermes du pont conservant la forme d'arcs, chacune d'elles était composée de plusieurs châssis en fonte évidée, se juxtaposant exactement comme les voussoirs d'une arche en pierre. C'était donc une vraie voûte de fonte, où le métal travaillait par compression. Dix ans plus tard, en 1806, Lamandé adoptait le même type pour le pont d'Austerlitz (reconstruit depuis lors en pierre), avec des arches de 32^m,50 d'ouverture.

Cependant la forme et l'assemblage des châssis étaient loin d'être satisfaisants. Chaque voussoir avait été relié aux voussoirs voisins par des entretoises en fonte, et les boulons par lesquels s'opérait cette jonction éprouvaient une fatigue extrême. Ce fut donc un notable progrès quand, en 1818, Rennie, chargé de construire le pont de Southwark à Londres, avec l'énorme portée de 73 mètres, imagina de donner aux arcs la forme de poutres courbes, posées de champ et ayant la section d'un double T. Chaque arc était composé de treize voussoirs, appuyés les uns sur les autres par de larges patins.

Ce modèle a prévalu définitivement pour les ponts en fonte. On s'en est inspiré notamment, à Paris, en 1859, pour la construction du pont de Solférino, où les arches ont 40 mètres d'ouverture, et pour celle du pont Saint-Louis, où une portée de 64 mètres est franchie par une arche unique, dont chaque ferme se décompose en onze voussoirs. Un seul pont s'écarte de ce type; c'est celui du Carrousel (ou des Saints-Pères), construit en 1833 par Polonceau. Les arcs, de près de 48 mètres d'ouverture, sont composés, non plus de plaques posées de champ, mais de véritables tubes creux eu fonte, à section elliptique. En outre, dans le but d'épargner au métal les efforts obliques de tension, Polonceau crut bien faire de rendre les arches indépendantes les unes des autres. De là vient que chacune d'elles, jouissant de toute son élasticité propre, vibre, comme chacun sait, au passage de la moindre charge. Bien que, depuis cinquante-six ans, ce pont ait parfaitement résisté, on n'hésite pas aujourd'hui à préférer le système contraire, celui qui consiste à rendre les arches solidaires entre elles, de manière à répartir les efforts sur toute la masse de l'ouvrage, en rendant ainsi la trépidation insensible.

Il n'y avait pas de motifs pour que les essais de voûtes en fonte fussent limités aux seuls ponts. Au contraire, l'idée devait naturellement venir d'appliquer le même procédé à la construction des dômes et des coupoles. C'est ce qu'on fit en 1809 pour la halle aux blés de Paris. Le projet fut dressé par un architecte appelé Belanger. Il comportait cinquante et une fermes, dont chacune était divisée en quatre parties ou voussoirs, le diamètre intérieur de l'espace à couvrir étant de 36 mètres. Le rapport rédigé à cette occasion par F. Brunet, auteur des calculs préliminaires, fait bien connaître les raisons [qui avaient déterminé le choix de la fonte. Il y est dit en propres termes : « S. Ex. Mgr Cretet, comte de Champmol, ministre de l'intérieur, a ordonné que la coupole qui doit couvrir la halle aux grains fût en fer fondu, autant pour éviter l'incendie qui a détruit l'ancienne couverture que *pour favoriser une fabrication beaucoup plus économique que les ouvrages en fer forgé.* » On devine que cette déclaration finale fait allusion aux combles en fer que l'architecte Louis avait établis, vingt ans auparavant, au Théâtre-Français. Le mémoire de Brunet se termine comme il suit : « MM. Chardon, Chagot et Cie, administrateurs du superbe établissement du Creusot situé à Montcenis, département de Saône-et-Loire, sont chargés de la fonte des fers qui composeront cette coupole. Le choix des fontes, la précaution de les employer en seconde fusion, et les talents connus des administrateurs, donnent la certitude d'une parfaite exécution. »

Dans la détermination arbitraire des dimensions des diverses parties, Belanger paraît avoir été guidé par son expérience des coupoles en maçonnerie; il a du reste mis un soin extrême à assurer les contacts; le serrage des joints est énergique et des feuilles de cuivre y sont partout interposées, qui corrigent les inégalités provenant de la fusion [1]. Aussi ce bel ouvrage, renommé pour son élégance et encore parfaitement intact, a-t-il été conservé lors de la reconstruction, opérée en 1888 et 1889, du bâtiment de la halle aux blés.

Pendant que l'art d'employer la fonte se développait comme nous l'avons dit, la difficulté qu'on éprouvait à forger de grosses pièces de fer, jointe au prix très élevé des produits obtenus, mettait longtemps obstacle à l'utilisation de ce métal dans les grandes constructions. En revanche, comme il était facile d'en fabriquer des barres, des chaînes et des fils, on pensa de bonne heure à mettre à profit, dans les ponts suspendus, la précieuse résistance à la traction qui caractérise le fer forgé. A cet égard, c'est d'Amérique que l'exemple est venu. Dès 1796, Finley y construisait un pont de ce genre, dont les chaînes étaient formées par une suite de longs anneaux de fer. En 1815, on inaugurait, pour une passerelle à Philadelphie, l'emploi des câbles constitués par des faisceaux de fils de fer, système bien préférable à celui des barres forgées. C'est cependant à des barres qu'était suspendu le grand pont de 110 mètres, construit en 1820 à Berwick sur Tweed, en Angleterre. Mais, deux ans après, quand il s'agit de traverser le détroit de Menai, qui sépare le pays de Galles de l'île d'Anglesey, à l'aide d'une travée centrale de 177 mètres de portée, on eut soin d'em-

---

[1] Canovetti, *Génie civil*, août 1888.

ployer des câbles en fil de fer, au nombre de quatre rangées superposées, de cinq câbles chacune.

Le pont de Menai avait été achevé en 1826. Enhardi par ce succès, on osa jeter, en 1834, sur la Sarine, à Fribourg en Suisse, un pont suspendu de 247 mètres; puis, en 1836, sur la Vilaine, à la Roche-Bernard, un pont de 198 mètres, dont le tablier dépassait de 33 mètres le niveau des plus hautes mers. Mais les Américains furent encore plus audacieux. En 1855, ils franchirent le Niagara par un pont suspendu de 250 mètres de portée, disposé pour servir de passage à une voie ferrée et à une voie charretière, placées l'une au-dessus de l'autre. Enfin les perfectionnements apportés à la métallurgie ayant rendu possible la fabrication de fils d'acier dont la résistance à la traction, quintuple de celle du fer ordinaire, peut atteindre 150 kilogrammes par millimètre carré de section, on conçut l'idée grandiose de jeter, au-dessus du bras de mer qui sépare Brooklyn de New-York, un pont suspendu comprenant une travée de près de *cinq cents mètres*, et livrant passage à la fois à deux voies de chemins de fer, une de piétons et deux de voitures. Ce tour de force a été exécuté avec un plein succès en 1887. Les câbles sont en acier et au nombre de quatre. Chacun a *quarante-huit* centimètres de diamètre et se compose de 5296 fils, dont le diamètre moyen est de 3 millimètres. Comme au Niagara, l'ensemble est d'ailleurs rendu à peu près rigide par des dispositions spéciales.

II. — LES PREMIERS PONTS EN TÔLE

Ainsi l'exemple de l'Amérique est là pour attester que les câbles en fil d'acier peuvent permettre, même à des chemins de fer, de franchir, sans appuis intermédiaires, des espaces de plusieurs centaines de mètres. Toutefois, ces solutions d'une extrême hardiesse sont peu goûtées en Europe, où l'on aime à garantir, d'une façon plus complète, la stabilité des ouvrages d'où dépend la vie des voyageurs. Aussi, sur le continent, a-t-on cherché, aussitôt que les progrès de la métallurgie l'ont permis, à opérer la traversée des rivières à l'aide de poutres ou d'arcs en fer forgé. Cette solution ne se recommandait pas seulement par les qualités propres du métal; elle s'imposait aussi, surtout à partir de la création des chemins de fer, en raison de l'importance des ouvrages que la traversée de certaines vallées eût rendus nécessaires. Quand une construction est telle, que son poids propre l'emporte considérablement sur la charge accidentelle qu'elle est appelée à supporter, pour le service en vue duquel elle a été établie, il y a grand intérêt à réduire ce poids autant qu'il est possible. Avec la pierre, cette réduction est difficile à opérer. Evider les maçonneries d'une voûte ou d'un viaduc, c'est d'abord imposer au reste des pierres une charge plus élevée; c'est ensuite multiplier ce qu'on appelle les *parements vus* et les *pierres d'appareil,* c'est-à-dire tout ce qui exige une taille particulièrement soignée et par conséquent coûteuse. A cet égard, la supériorité du fer est considérable. En outre, on ne peut assembler les pierres d'une voûte que sur des cintres solidement assis. De là, pour les arches de grande ouverture, la nécessité d'échafaudages énormes, dont le prix peut arriver à dépasser celui de la maçonnerie. Heureux encore quand l'installation de ces échafaudages est possible; car il est des conditions, comme celles d'un fleuve rapide ou d'un bras de mer, qui en interdiraient l'établissement d'une façon absolue. L'assemblage des pièces de fer n'exige pas, à beaucoup près, des préparatifs aussi coûteux, et c'est une raison de plus de donner la préférence au métal.

Toutefois il ne suffit pas de proclamer la supériorité théorique des ouvrages en fer. Il faut encore que la métallurgie soit en mesure de fournir aux constructeurs le genre de pièces dont leurs spéculations ou leurs calculs ont démontré l'excellence. Là encore, et même plus que jamais, l'ingénieur est dans la dépendance du maître de forges. Savoir produire et ensuite affiner à bon marché de grosses masses de fonte; disposer pour le martelage d'outils d'une grande puissance; être en état de donner au fer, par le laminage, toutes les formes possibles; posséder des moyens d'assemblage assez perfectionnés, pour que les pièces composées de fragments ajustés aient la même cohésion que si elles étaient faites d'un seul morceau, telles sont les conditions indispensables à l'exécution d'un grand travail métallique. Or aucune de ces conditions n'était réalisée dans les premières années du dix-neuvième siècle. Il suffit de rappeler que le premier marteau-pilon à vapeur a été construit, vers 1840, par Bourdon, alors directeur de l'usine du Creusot, passée aux mains des Schneider, pour faire comprendre comment, jusqu'à cette date, l'emploi du fer a été forcément restreint à des usages secondaires, tels que la construction des charpentes. Encore ne pouvait-on songer à exécuter les arbalétriers autrement qu'en bois; seulement, on les armait de tirants en fer avec un tendeur en fonte, suivant le type de ferme imaginé par Polonceau et qui, successivement agrandi, a fini par être employé dans toutes les gares de chemins de fer comme dans les halles; fournissant des toitures de plus en plus légères, à mesure

2

qu'on prenait plus de confiance dans la résistance du métal. A l'origine, ces toitures ne comprenaient que du fer forgé en barres. C'était donc encore œuvre de serrurerie. Plus tard on y fera entrer la *tôle*, jusqu'alors réservée aux chaudières, et ainsi les ateliers de *chaudronnerie* viendront prendre, dans les constructions métalliques, une part prépondérante.

Sur ces entrefaites, l'Europe occidentale commence à se couvrir de chemins de fer. Il en résulte pour l'industrie des conditions nouvelles, qui vont exercer la plus heureuse influence sur le développement de la métallurgie. Etablies, dans l'origine, en vue de circonstances locales, ici pour utiliser une chute d'eau, là pour être à proximité d'un gisement de minerai ou pour profiter du voisinage d'une forêt, qui fournissait le charbon de bois en abondance, les usines vont pouvoir étendre, presqu'à l'infini, leur rayon d'alimentation et de production. Quel meilleur exemple pourrait-on citer que celui du Creusot qui, après avoir exclusivement exploité les minerais et les combustibles de la lisière du Morvan, était destiné à devenir un jour le principal centre de traitement des minerais extraits à Mokta, en Algérie et à Bilbao, en Espagne, en même temps qu'il ferait venir son coke de grandes distances et qu'il expédierait les produits de son industrie dans tous les pays de l'univers? A la vérité, les chemins de fer eux-mêmes, tant pour la construction de la voie que pour celle du matériel roulant, avaient besoin du concours des usines. Mais leurs exigences étaient plus limitées au début et c'est ainsi que ces deux industries, appuyées l'une sur l'autre et se rendant tour à tour des services bientôt récompensés, ont pu se développer parallèlement à pas de géant.

Naturellement, l'Angleterre devait être la première à bénéficier de ce nouvel état de choses. Aussi est-ce là qu'on voit apparaître; en 1844, l'emploi de la tôle de fer dans la construction des ponts. Le mérite en revient, paraît-il, à Harrison. L'un des plus anciens ponts métalliques d'Angleterre est celui que Robert Stephenson fit construire en 1846, dans les ateliers de Fairbairn, pour le chemin de fer North-Western. Les poutres étaient formées de tubes creux en tôle, à section rectangulaire, reposant sur une semelle en tôle, tandis que la plaque ou plutôt la boîte supérieure était en fonte. On avait cru devoir adopter cette solution parce que, dans une poutre posée sur deux appuis, la flexion fait travailler la base par extension, ce qui convient au fer, tandis que le sommet subit une compression, pour laquelle la fonte semble indiquée. Mais on reconnut bien vite que cette combinaison, admissible pour une construction qui n'est pas exposée à vibrer, ne valait rien pour des ponts sur lesquels doivent rouler des trains, et, dès 1848, Fairbairn se faisait breveter pour des ponts exclusivement construits en tubes plats de tôle, formés de feuilles assemblées et posés de champ. A cette époque, Stephenson s'occupait, depuis 1844, de combiner un projet de pont, pour la traversée du détroit de Menai par le chemin de fer de Chester à Holyhead. Il avait pensé d'abord à construire des arches en fonte; mais le Parlement s'y refusa, en raison des besoins de la navigation, à laquelle on n'eût laissé que des ouvertures trop étroites. Il songea ensuite à établir un grand tube en tôle, suspendu à des câbles en fer. Le tube, pour offrir moins de prise au vent, devait d'abord être circulaire ou elliptique; mais les expériences exécutées, à la demande de Stephenson, par Fairbairn et Hodgkinson, établirent la supériorité des tubes à section rectangulaire, et dès lors Stephenson arrêta le projet grandiose d'une double poutre tubulaire à parois de tôle pleine, chacune contenant une voie de chemin de fer et reposant sur des piles en maçonnerie, à 30 mètres au-dessus du niveau des hautes mers. Ces piles laissaient à la navigation deux immenses ouvertures, de 140 mètres de largeur, et par surcroît de précaution, des câbles en fer appuyés sur les piles devaient assurer la rigidité de l'ouvrage.

L'exécution de cette conception infiniment hardie se poursuivit dans des conditions tout à fait spéciales, bien caractéristiques du génie anglais. Après des conférences entre ingénieurs, où chacun apportait le tribut de son expérience personnelle, on construisit, au sixième de la grandeur naturelle, un modèle du pont projeté. Ce modèle fut soumis en 1847 à une série d'épreuves, dans des conditions analogues aux charges que devait supporter l'ouvrage définitif. On observa avec soin comment le tube se comportait, en quels points s'exerçaient les plus grands efforts. Ces épreuves coûtèrent plus de 150 000 francs; mais ce ne fut pas de l'argent perdu, car on reconnut que le tube offrait une résistance suffisante pour que l'addition des câbles devînt tout à fait inutile. On procéda donc à la construction des piles, et chacune d'elles fut élevée fort au-dessus du niveau d'établissement de la poutre, dans la pensée que sa partie supérieure servirait d'appui à des câbles, lesquels supporteraient un pont provisoire, destiné à l'assemblage des tôles du pont définitif. On évitait de cette manière toute interruption de la navigation par des échafaudages. Mais, entre temps, Stephenson et ses collaborateurs, notamment Edwin Clark, imaginèrent un mode de montage bien autrement ingénieux. Chacune des grandes travées fut construite sur la rive, puis amenée, sur un bateau, entre les piles qu'elle était destinée à relier; ensuite, à l'aide de puissantes presses hydrauliques, cette masse de 2 millions de kilogrammes était hissée jusqu'au niveau qui lui avait été assigné. Le pont reçut le nom de *Britannia*. C'était justice; car l'Angleterre tout entière avait le droit de revendiquer ce triomphe, pour lequel la nature l'avait vraiment prédestinée.

Commencé le 10 avril 1846, le pont Britannia était livré à la circulation le 5 mars 1850. Dans l'intervalle, du 8 avril 1847 au 2 janvier 1849, avait eu lieu la construction, à Conway, d'un pont tubulaire identique, mais plus petit, formé d'une seule travée de 122 mètres.

Ajoutons que, à l'époque même où se poursuivaient les préparatifs du pont Britannia, c'est-à-dire en 1849, le grand ingénieur Brunel jetait sur la Tamise, à Windsor, un pont de 61 mètres, formé d'une poutre de fer en forme d'arc, c'est-à-dire que la partie supérieure et principale de la poutre étant un arc en tôle, jeté d'une rive à l'autre, la poussée de cet arc sur les piliers était annulée par une corde horizontale également en tôle, formant tablier et reliée à l'arc par des supports verticaux et des croix de Saint-André. Au rebours des ponts ordinaires, où le tablier horizontal *repose* sur un arc, sous la concavité duquel se trouve l'espace réservé à la navigation, ici, l'arc tournait sa convexité au dehors et le tablier s'y trouvait suspendu. Ce fut le type du système connu sous le nom de *bow-strings*. La forme de la poutre y est évidemment rationnelle, puisque le maximum de force est donné au point où se produit le plus grand effort; mais l'aspect de ces poutres arquées est peu agréable, à cause de la contradiction, au moins apparente, qu'implique leur courbure tournée vers le ciel.

La construction du pont Britannia fut un événement en même temps qu'une révélation. Dès 1850, M. Clark fit connaître les expériences auxquels le pont avait été soumis et tous les ingénieurs s'empressèrent, ou de visiter le nouvel ouvrage, ou de s'initier, par la lecture du livre de M. Clark, à cette conquête dont le génie de Stephenson venait d'enrichir leur art. Mais ici commence, dans l'histoire des constructions métalliques, une phase tout à fait particulière. L'Angleterre vient d'accomplir, à la fois, un coup d'essai et un coup d'éclat. A son tour, la France va entrer en scène. L'esprit net et précis de ses ingénieurs, leur aptitude aux choses de la théorie, vont s'exercer sur le champ nouveau qui leur est ouvert et ils y déploieront une telle supériorité que, pendant bien des années, le sceptre des travaux en fer pourra difficilement leur être disputé.

Nous avons dit que le choix des dimensions du pont tubulaire

de Menai avait été, de la part de Stephenson et de ses collaborateurs, affaire d'instinct et, en quelque sorte, de divination. Leurs
expériences, jointes à ce qu'on savait déjà de la manière d'être des
métaux, n'en fournissaient pas moins des données numériques très
précieuses, sur lesquelles il était loisible d'édifier une science
nouvelle, la science de la *résistance des matériaux*. Déjà les
principes fondamentaux de cette doctrine, nettement entrevue par
Coulomb en 1773, avaient été formulés par Navier, dans son cours
à l'École des ponts et chaussées, publié en 1833 et par Poncelet,
dans ses leçons de mécanique. Clapeyron qui, à la même date que
Navier, avait donné un beau mémoire sur l'équilibre intérieur des
corps solides et qui depuis s'était occupé activement du chemin de
fer de Saint-Germain (1835) ainsi que des études et projets relatifs
à la ligne du Nord (1837-1845), fut sollicité, vers 1851, de vouloir
bien traiter par le calcul la question suivante : « Quelle est la
répartition des efforts dans une poutre élastique, reposant sur des
appuis inégalement espacés et soumise, en dehors de son poids, à
des charges déterminées? » En très peu de temps, il trouva la solution de ce problème (qu'il ne devait publier qu'en 1857 dans les
Comptes rendus de l'Académie des sciences). Ce fut le point de
départ d'une série de travaux théoriques, où se distingua particulièrement Belanger, professeur à l'École polytechnique et à l'École
des ponts et chaussées [1]. Il est aisé d'en faire en deux mots apprécier l'importance. En effet, dans une poutre qui travaille, il y a
nécessairement des déformations, si petites qu'elles soient. Certaines
parties sont comprimées, d'autres sont étirées. Non seulement il
importe que, dans les unes comme dans les autres, la limite d'élasticité ne soit pas dépassée (auquel cas la déformation deviendrait
permanente) ; mais il est évidemment désirable qu'on se tienne partout à la même distance de cette limite. Donner à la poutre une
forme qui satisfasse à cette condition, c'est construire ce qu'on
appelle un *solide d'égale résistance*. La section d'un tel solide présentera des renflements aux points où doit avoir lieu le plus grand
effort, des étranglements dans ceux où l'effort est nul et où par
conséquent il n'y a pas lieu d'accumuler la matière. Dans chaque
cas particulier, la théorie doit indiquer la forme qui convient le
mieux et les dimensions sont réglées par cette considération, qu'il
est prudent de n'exposer le métal qu'au cinquième ou au sixième
de l'effort qui en déterminerait la rupture.

Avec le bois, on ne pourrait former une section d'égale résistance qu'en amincissant certaines parties d'une poutre équarrie,

---

[1] En 1851, deux Allemands, MM. Schwedler et Culmann, ont aussi
abordé par le calcul la question de la forme des poutres.

c'est-à-dire en perdant à la fois de la matière et de la main-d'œuvre.
Il en est tout autrement du fer. Que la forme soit donnée directement par le laminage, ou qu'on l'obtienne en assemblant, avec
des rivets, des tôles sur des épaisseurs proportionnelles, en chaque
point, aux efforts prévus, c'est une matière essentiellement malléable et que le constructeur peut façonner au gré de ses besoins.
Par exemple, tout le monde sait qu'il y a avantage à poser de
champ une poutre qui doit travailler par flexion. Cela posé, la
théorie indique que le milieu de la poutre peut être considérablement aminci, tandis que sa face inférieure et sa face supérieure ont
profit à être aussi larges que possible. La section qui lui convient
le mieux est donc celle d'un double T ($\mathbf{I}$). S'il s'agit de pièces de
faible calibre, comme les poutrelles qu'on emploie aujourd'hui dans
les maisons; la métallurgie peut donner cette forme au fer par
simple laminage. Pour des pièces plus grandes, on les composera
d'une feuille de tôle placée verticalement et reposant, en bas, sur
une lame horizontale, tandis qu'en haut elle en supporte une autre
identique; alors, pour faire du tout un système unique, on assem-
blera ces feuilles à l'aide de *cornières*, c'est-à-dire de tôles cour-
bées à angle droit, et rivées à la fois sur la feuille horizontale et
sur la tôle verticale. Au début, la courbure des cornières s'obte-
nait par martelage; mais bientôt les laminoirs ont réussi à les produire directement. De même, si le calcul établit que, dans la longueur d'une poutre, certaines parties subissent un effort plus grand
que d'autres, il sera possible de donner, à ces parties seulement, le
surcroît d'épaisseur voulu, soit directement, soit le plus souvent
par addition de portions de feuilles, rivées aux précédentes.

On conçoit sans peine le parti que des ingénieurs, experts dans
l'art des calculs et secondés par des industriels habiles à manier
la tôle, ont pu tirer de cet ordre de considérations. Là est tout le
secret de l'avance que les constructeurs français ont réussi à prendre
sur leurs émules d'Angleterre qui, mieux aidés par la nature et
plus anciens dans la pratique, n'ont jamais montré le même goût
ni la même aptitude pour ce qu'on peut appeler l'*étude rationnelle*
de l'emploi du fer. Il nous reste à esquisser, en quelques mots,
l'histoire des débuts de cette nouvelle phase, où l'on a vu les
usines métallurgiques suivre pas à pas les exigences de la théorie,
s'appliquant, par d'incessants progrès, à réaliser, le plus simplement
possible, les formes *rationnelles* que les ingénieurs leur deman-
daient en les perfectionnant sans cesse.

Le premier pont français en tôle est le pont très biais que la
Compagnie de l'Ouest a jeté, en 1852, à Clichy, sur la route de

Paris à Argenteuil. La même année, avait lieu, sous la direction d'Eugène Flachat, avec la collaboration de Clapeyron, la reconstruction en tôle du pont d'Asnières. La poutre n'était plus un tube, comme à Menai, mais une tôle en double T. L'exécution de ces deux ouvrages fut confiée à la maison Ernest Gouin, des Batignolles. L'ingénieur en chef de cet établissement, M. Lavalley (qui devait plus tard terminer si brillamment le percement de l'isthme de Suez, par l'invention de sa drague à long couloir), était allé, en 1850, recueillir les documents les plus nouveaux en Angleterre, pays où, du reste, il avait fait ses premières armes comme constructeur, aussitôt après sa sortie de l'École polytechnique. Il exécuta, à l'occasion du pont d'Asnières, d'intéressantes expériences, tant sur la résistance du fer que sur celle des *rivets*. Nos lecteurs doivent savoir qu'on désigne sous ce nom de petits cylindres en fer, destinés à réunir les feuilles de tôles, en pénétrant dans des trous, ménagés à cet effet dans les deux feuilles, en regard les uns des autres ; après l'introduction du rivet, fortement chauffé dans un four spécial, on rabat au marteau, des deux côtés, l'excédent de longueur de la pièce, de manière à produire l'équivalent d'une tête ronde de clou. Dans ces conditions, on pourrait croire que le rivet agit surtout par sa résistance à l'effort *tranchant* qui tendrait à séparer les deux feuilles en contact. Les expériences de M. Lavalley ont montré que la principale utilité du rivet consiste à serrer les feuilles de tôles l'une contre l'autre, en développant entre elles une adhérence d'autant plus grande, que le *serrage* est plus énergique. Et comme cet effet est produit par la contraction du rivet, quand il passe de la température du rouge à celle de l'air ambiant, il en résulte qu'il est avantageux de poser les rivets aussi chauds que possible, comme aussi d'en multiplier le nombre.

Éclairée par ces premiers essais, la maison Gouin construisit, en 1855, sur la ligne du Midi, le pont de Langon sur la Garonne, avec une portée de 74 mètres pour la travée centrale. Flachat et Clapeyron étaient les auteurs du projet, et M. de Dion en avait effectué les calculs. Dans les années 1855 et 1856, les mêmes constructeurs jetaient des ponts à travées de 70 mètres sur le Lot, à Aiguillon, et sur le Tarn, à Moissac.

Dans tous ces ouvrages, la poutre était en feuilles de tôle pleine. Mais, en 1857, au pont biais sur l'Orbieu (ligne de Bordeaux à Cette), les ingénieurs de M. Gouin inaugurent le système des poutres en *treillis*. Il est clair, en effet, qu'une tôle pleine peut être avantageusement remplacée, dans sa partie verticale, par un entrecroisement de pièces plus étroites, pourvu que la position et les dimensions en soient exactement calculées. Ce progrès, d'ailleurs, atteste un pas en avant fait par les métallurgistes. A l'origine, le laminage de la tôle avait lieu entre deux cylindres, sans que rien, à droite ou à gauche, limitât la largeur de la pièce, dont l'épaisseur était réglée par l'écartement variable des cylindres. Les bords des feuilles (lesquelles étaient habituellement larges de 50 à 55 centimètres) se trouvaient donc mal dressés. Pour y obvier, il fallait donner aux tôles un excès de largeur qu'on enlevait, au moment de la construction, par rabotage, ce qui occasionnait des frais et entraînait un déchet. En Angleterre, où la tôle était peu coûteuse, cet inconvénient n'était pas très vivement ressenti ; mais, en France, où les prix étaient sensiblement plus élevés, on s'ingénia à trouver de meilleures dispositions, et ainsi la raison d'économie devint pour l'art national un précieux stimulant. D'abord, on réussit à laminer la tôle dans de véritables *cannelures*, où le dressage des bords était obtenu en même temps que l'aplatissement des deux faces. Puis, on parvint à augmenter beaucoup la longueur des tôles et ces perfectionnements permirent aux ingénieurs de se montrer plus hardis dans l'emploi des pièces obliques. Le progrès fut surtout sensible le jour où les métallurgistes furent en possession du laminoir dit *universel*, permettant de varier instantanément la largeur des cannelures. A partir de ce moment, il fut possible d'obtenir directement, et sans déchet, des tôles de toutes dimensions. Alors, tandis que, jusqu'à cette époque, on n'avait jeté, d'une pile à l'autre, que des poutres droites, on put songer à former des arches courbes en pièces de tôle, raccordées au tablier par une combinaison de pièces droites et de pièces obliques, formant des tympans à jour. C'est la solution que la maison Gouin appliqua, en 1857 et 1858, au pont de Szegedin, sur la Theiss. Elle offre l'avantage de produire un effet extérieur beaucoup plus agréable, et se recommande partout où la beauté du paysage a besoin d'être respectée ; chose que comprennent particulièrement bien les Français, chez qui, généralement, le constructeur et même l'ouvrier sont doublés d'un artiste.

Durant cette même période, entre 1850 et 1857, les ingénieurs allemands construisirent de grands ponts en treillis de tôle, à Dirschau, sur le Vistule (avec 121 mètres de portée) et à Marienburg, sur le Nogat (98 mètres). Plus tard, de 1856 à 1860, ce devait être le tour du Rhin d'être franchi de la même façon à Kehl (travées de 50 mètres de portée) et à Cologne (travées de 98 mètres).

L'année 1859 est marquée par la construction du grand pont sur la Garonne, à Bordeaux, avec travées de 77 mètres. Là débute, dans un poste modeste, un ingénieur dont le nom devait avoir la bonne fortune de dépasser tous les autres en popularité. C'est M. Eiffel, alors âgé de vingt-sept ans et attaché à la maison Pauwels. Puis le gouvernement russe décide la construction de son réseau de chemins de fer et en confie l'exécution à une compagnie française. Dans ce pays, mal pourvu de matériaux de construction, les ouvrages métalliques s'imposaient. La maison Gouin en accepte l'entreprise, et de 1860 à 1863, ses ingénieurs, sous la direction de M. Lavalley, exécutent un remarquable ensemble d'ouvrages en poutres droites, la plupart en treillis, et dont quelques-uns, comme le pont de Kowno sur le Niémen, ont des travées de 75 mètres. Celui de Varsovie, sur la Vistule, en a même de 80 mètres. Pendant ce temps, d'autres maisons françaises de constructions, et notamment le Creusot, se distinguaient par des ouvrages analogues en France, en Italie, en Espagne, en Suisse. Presque partout, la clientèle étrangère était acquise à nos ingénieurs ; succès bien flatteur et propre à nous dédommager d'avoir dû nous laisser devancer au début par l'Angleterre.

Mais ce n'était pas tout de construire des ponts et d'y employer rationnellement le métal. Il fallait encore amener, par des moyens économiques, ces énormes poutres sur les piles destinées à les supporter. L'esprit inventif des ingénieurs s'y appliqua de tous côtés et l'art du *levage* fit ainsi de rapides progrès. Parmi les plus intéressants, il convient de mentionner le système qui consiste à *lancer* les travées dans l'espace, en les faisant glisser sur des rouleaux. La première travée étant construite sur la rive dans l'axe même du pont dont les piles sont déjà édifiées, on a eu soin de faire reposer la poutre sur des rouleaux. En les déplaçant, on peut faire avancer cette poutre (en la retenant en arrière par des câbles), jusqu'à ce qu'elle vienne s'appuyer sur la première pile et ainsi de suite.

Le tableau des difficultés vaincues serait incomplet, si nous ne disions pas un mot des remarquables procédés qu'on a dû employer pour fonder, la plupart du temps au milieu de terrains meubles, les piles et les culées des ponts. De tous ces procédés, le plus curieux et en même temps le plus fécond a été celui de l'air comprimé, inventé par notre compatriote Triger, appliqué pour la première fois en grand, par l'ingénieur français Fleur-Saint-Denis, à la construction du pont de Kehl sur le Rhin, et devenu depuis d'un usage général. Il consiste à enfoncer, dans le fond meuble, des caissons métalliques où l'on comprime de l'air, à une pression suffisante pour que, même sous une profondeur de plus de 20 mètres, l'air refoule l'eau qui tendrait à envahir le caisson, ce qui permet aux ouvriers d'y travailler. Arrivé au point voulu, on remplit la caisse de maçonnerie et l'on peut édifier la pile par-dessus, soit en pierres, soit en fonte.

Il faudrait des volumes pour faire valoir, comme ils le méritent, les efforts déployés dans ces diverses directions par les ingénieurs de tous les pays, et la place serait ici mal choisie pour une telle tâche, quand il existe à cet égard tant d'ouvrages spéciaux remarquables, comme, par exemple, le *Cours de construction des ponts* de M. Morandière. Notre ambition devait être seulement d'en donner un aperçu général. Peut-être trouvera-t-on que, dans cet aperçu, nous avons fait bien petite la part des États-Unis, ce pays des hardiesses et des initiatives grandioses. Mais la voie dans laquelle s'est développée l'industrie métallique en Amérique diffère assez notablement des tendances qui prédominent sur le continent. Pendant longtemps, les Américains se sont inspirés, à peu près exclusivement, du système que le capitaine Warren faisait breveter en Angleterre dès 1844. C'est le système qu'on peut appeler *articulé*, parce qu'il consiste à réunir les pièces de fer à l'aide d'articulations ou *axes* mobiles et de boulons, dont les têtes vissées sont tenues par des écrous. Par là on connaît mieux et même on peut mieux régler, à volonté, la distribution des efforts. Mais la sécurité est beaucoup moindre, surtout avec une matière exposée, comme le fer, à ressentir l'effet des variations de la température. La continuité qu'on obtient par la rivure est donc de beaucoup préférable, pourvu qu'on ait eu soin de ménager ce qui convient à la dilatation ou à la contraction du métal. Pour ce motif, il est permis de dire que, au moins pour cette première période, l'industrie du fer en Europe n'a pas grand'chose à envier ni à apprendre de l'autre côté de l'Atlantique.

Il nous reste maintenant à parler de l'application du fer aux édifices proprement dits, ainsi que des grands travaux d'art, offrant un caractère exceptionnel de difficulté, et qui ont marqué surtout les vingt-cinq dernières années.

III. — LE FER DANS LES ÉDIFICES. LE PALAIS DES MACHINES.
LA COUPOLE DE NICE.

Le rapide essor pris par les constructions métalliques, entre 1845 et 1860, ayant été provoqué par l'établissement des voies ferrées, il était naturel que, dans la première partie de cette étude, l'emploi du fer dans les ponts absorbât presque exclusivement notre attention ; car la traversée des grands cours d'eau est le principal problème qui se soit posé devant les constructeurs de chemins de fer.

Mais en même temps que les ingénieurs et les métallurgistes appliquaient à la solution de cette difficulté toutes les ressources de leur esprit inventif, les architectes, de leur côté, ne pouvaient manquer d'apercevoir le parti qu'il y avait à tirer, pour leur art, des progrès réalisés dans la fabrication comme dans l'usage de la fonte et du fer. D'abord, en raison de son incombustibilité, le métal s'imposait de plus en plus pour remplacer les poutres des planchers. Ensuite ses qualités spéciales le destinaient à inspirer une architecture nouvelle, où l'on se proposerait surtout de couvrir de grands espaces avec un petit nombre de points d'appui. Non seulement les gares de chemins de fer, mais les ateliers, les musées, les bibliothèques, les marchés, les églises mêmes, étaient appelés à bénéficier de ce nouveau mode de construction qui, en assurant à l'intérieur une lumière beaucoup plus abondante, et en diminuant les chances d'incendie, offrait en outre le double avantage d'une grande rapidité d'exécution et d'une économie chaque jour plus évidente.

D'autre part, il est des cas où la maçonnerie s'impose, non seulement à titre de revêtement, mais en raison de la destination des édifices, quand l'intérieur doit être mis à l'abri des variations de la température, et aussi à cause de l'effet monumental des façades en pierre, auquel il est difficile de renoncer pour une construction appelée à durer. De là deux classes de bâtiments, les uns où le métal ne sera que l'auxiliaire de la maçonnerie, servant surtout à la soulager du poids des voûtes, des toitures et des planchers ; les autres où le fer et la fonte seront les éléments dominants, n'admettant la pierre ou la brique qu'à titre accessoire, pour former des soubassements ou des cloisons.

C'est à l'éminent architecte Labrouste que la France est redevable des plus anciens essais de la première catégorie. En 1850 et 1851, il construisit la bibliothèque Sainte-Geneviève, où une salle de 17 mètres de largeur sur 81 mètres de longueur est divisée en deux travées par une rangée de seize colonnes en fonte, supportant la toiture en fer. C'est véritablement un édifice à carcasse de métal avec chemise en maçonnerie, comme il convenait à un lieu de travail. Loin de dissimuler les nouveaux éléments auxquels il faisait appel, Labrouste les a très heureusement mis en évidence, et son panégyriste, M. Millet, a pu dire de lui : « Le premier, il a osé mettre en œuvre la fonte et le fer d'une façon apparente et décorative. » Cependant l'idée d'une nouvelle architecture était encore si peu entrée dans les esprits qu'en 1852, l'*Encyclopédie d'architecture*, publiant les dessins relatifs à la bibliothèque Sainte-Geneviève, les classait sous le titre : « Serrurerie », et c'est sous la

¹ Millet, *Éloge de Labrouste*.

même rubrique qu'elle décrivait les combles en fer, exécutés en 1851 pour la galerie des fêtes de l'Hôtel de Ville. En demeurant dans la même donnée, Labrouste a plus tard perfectionné son système, et en 1868 il livrait au public la salle de travail de la Bibliothèque Nationale, dont un juge compétent a dit que c'était l'un des chefs-d'œuvre de l'architecture au dix-neuvième siècle [1]. Le fait est qu'il est difficile d'imaginer rien de plus satisfaisant ni de plus harmonieux que cette salle de 1156 mètres carrés, avec ses neuf coupoles ajourées, reposant, par des arcs de fer à croisillons, sur seize légères colonnes de fonte, dont douze appliquées contre les murailles, tandis que quatre, isolées de toutes parts, portent sur le sol par des piédestaux du même métal. L'ornementation, sobre autant qu'élégante, repose sur la mise en évidence, par la dorure, des têtes des rivets comme des nervures des croisillons. Le mariage du métal et de la pierre, si l'on peut s'exprimer ainsi, est si bien assorti, chacun de ces deux éléments reste si bien dans le rôle qui lui convient, que l'impression générale est celle d'une œuvre parfaite.

Très peu de temps auparavant, Duban avait couvert la cour intérieure de l'École des beaux-arts, convertie depuis en musée, à l'aide d'une toiture vitrée, reposant sur des arcs de tôle que supportaient des colonnes en fonte. Mais ces éléments, d'ailleurs très discrètement associés à la pierre et relégués dans la partie haute de l'œuvre, ne sont devenus des motifs d'ornementation que depuis le travail de décoration terminé, en 1873, par M. Coquart.

Dans la construction de l'église Saint-Augustin, Baltard s'est inspiré du même principe, qui consiste à abriter, dans une enveloppe protectrice en pierre, une ossature de métal nécessaire au support des voûtes. Mais il faut reconnaître que cette carcasse métallique, si obstinément accusée par l'architecte sous son armure de pierres de taille, produit un effet composite qui va mal avec la destination du monument. C'était, sans nul doute, le seul moyen d'élever rapidement et à peu de frais une grande église. Mais cela n'en fait que mieux ressortir la supériorité des anciennes cathédrales, à la construction desquelles on savait employer un et même deux siècles. Le mystère et le recueillement qui conviennent à la prière y trouvaient leur satisfaction sans nuire à la majesté des nefs ni à la hardiesse et à la légèreté des voûtes. Il paraît donc bien établi que les musées, les bibliothèques, les établissements d'instruction et les théâtres conviennent infiniment mieux que les églises à l'entier développement de ce genre mixte.

Le Palais de Cristal, construit à Londres, dans l'enceinte d'Hyde-

Park, pour l'Exposition universelle de 1851, semblerait devoir être légitimement considéré comme le prototype des édifices de la seconde classe, ceux où le métal domine à peu près exclusivement. Toutefois, si ce palais était parfaitement approprié à son objet, tout à fait temporaire, on ne saurait prétendre qu'on y puisse trouver ni un modèle ni un point de départ. C'était un mélange de fonte, de fer, de bois et de verre, où l'architecte Paxton et les entrepreneurs, MM. Fox et Henderson, avaient résolu systématiquement de ne pas employer de pièces de grosses dimensions. Les plus lourdes étaient des poutres évidées en fonte, de 8 mètres de longueur, dont aucune ne dépassait le poids d'une tonne. Encore que les galeries principales n'eussent que 22 mètres de largeur, on avait, pour les voûter, eu recours à des fermes circulaires en bois simplement armé de quelques tiges de fer, et les auteurs du projet, dans la description qu'ils en ont publiée en 1852, ont eux-mêmes qualifié l'édifice de « réseau de colonnettes de fonte, maintenues par des poutres et des entretoises, avec couverture en verre ». Le principal mérite consistait dans l'économie, car le mètre carré de surface couverte n'avait coûté que 65 francs. En outre, l'exécution avait été remarquablement rapide, toutes les pièces étant de celles que les usines pouvaient s'engager à livrer à bref délai.

Deux ans après commençait à Paris la construction des Halles centrales. Baltard les avait projetées en pierre, et le premier pavillon fut inauguré en 1853. L'aspect de cette casemate produisit un soulèvement général de l'opinion. L'esprit parisien trouva, pour la baptiser, un mot qui fit fortune : c'était, disait-on, *le fort de la halle*. L'empereur intervint, et, sur les conseils d'Eugène Flachat, se prononça en faveur d'une construction qui emploierait exclusivement le fer et la fonte. L'architecte, tout en qualifiant d' « engouement » la préférence que le public manifestait pour le métal, eut la sagesse de se soumettre à cette décision. En 1872, dans ses *Entretiens sur l'architecture*, Viollet-Leduc devait écrire avec justesse : « La Ville de Paris n'a eu qu'à se féliciter d'avoir engagé un de ses architectes les plus renommés à adopter, pour les Halles centrales, les idées et les projets d'un ingénieur. » La maison Joly, alors entreprise de serrurerie, aujourd'hui grande usine de constructions métalliques, prit une part importante à l'exécution de l'œuvre, en raison de l'expérience qu'elle avait acquise dans le maniement du fer. On employa 600 tonnes de fonte dans les caves, 200 tonnes du même métal pour les colonnes et les supports apparents, enfin 700 tonnes de fer pour les fermes, les arcs, les châssis et les grilles. Les rues les moins larges, de 12 à 23 mètres, furent voûtées en arcs de tôle, tandis que des fermes avec tirants couvraient, sur une portée de 32 mètres, les voies principales. Commencée en 1854, la construction du corps de bâtiments de l'est était achevée en 1857. De ce jour, on put dire qu'un type nouveau d'architecture avait été créé, lequel a partout servi de modèle pour les édifices du même genre : type qui satisfait l'œil par son élégance, en même temps que par sa parfaite adaptation au but à atteindre. Cette conquête appartient bien à la France; ses architectes, comme ses ingénieurs, y ont collaboré, déployant à la fois ces qualités de science et de goût artistique, qu'on n'aime pas à séparer dans notre pays.

Malheureusement ce succès arrivait beaucoup trop tard pour que le bâtiment de l'Exposition de 1855 en pût profiter; car la construction de ce palais avait commencé en même temps que celle du premier pavillon de pierre des Halles. Voulant affecter aux expositions à venir un édifice permanent, on avait décidé d'élever un monument en pierre (dont les proportions furent d'ailleurs réduites en cours d'exécution); ainsi la partie métallique, prévue pour abriter une salle centrale de 48 mètres de largeur sur 192 de longueur, avec galeries latérales de 30 mètres, fut emprisonnée dans la maçonnerie, sans se révéler au dehors autrement que par l'extrémité des pignons de sa voûte de verre. Sous cette réserve, il faut reconnaître que, pour l'époque, la nef centrale, édifiée sur les plans et sous la direction de M. A. Barrault, est une œuvre remarquable, avec ses fermes de tôle en plein cintre, de 24 mètres de rayon intérieur, reposant sur une armature en fonte, à l'exécution de laquelle il a fallu faire concourir ensemble presque toutes les grandes fonderies de France (Marquise, Maubeuge, Mazières, Orléans, Rouen, Paris, etc.). Plus de 3500 tonnes de fonte y furent employées, conjointement avec 2000 tonnes de fer. Ceux qui ont vu l'Exposition de 1855 se souviennent encore de l'impression véritablement grandiose que produisait alors cette nef de près de 50 mètres de largeur, où l'œil n'était arrêté, jusqu'à la voûte, par aucune pièce de fer ni de bois, et où les produits des industries les plus variées formaient par endroits des échafaudages gigantesques, assurément moins bien ordonnés que ceux des expositions ultérieures, mais bien plus riches d'effet artistique. Nous rappellerons aussi le bel abri qu'offrait, en 1881, à l'exposition d'électricité, cette même salle où, chaque année, les œuvres de sculpture se déploient avec tant d'aisance.

Toutefois, à divers égards, l'ensemble du palais peut être considéré comme manqué. L'enveloppe de maçonnerie est un hors-d'œuvre inutile et les galeries latérales qu'elle emprisonne n'ont ni air ni lumière. Au dehors le style du monument est lourd et sans grâce. La partie métallique elle-même se ressent des exigences d'une construction hâtive, comme aussi de l'état, encore incomplet, des moyens de fabrication. Ainsi la pose des arcs métalliques avait dû se poursuivre en régie, faute d'un entrepreneur qui osât l'assumer après l'échec de celui qui l'avait mise en train. Enfin l'auteur du projet, M. Barrault, a reconnu lui-même, dans la *Description du palais de l'Industrie*, qu'il a publiée en 1857, que la forme des arcs n'était pas rationnelle ; car chaque cintre, composé de deux semelles de tôle partout distantes de 2 mètres, et reliées l'une à l'autre par une série d'entretoises normales et de croix de Saint-André, également en tôle, ne constituait « ni un solide d'égale résistance, ni une voûte formée de voussoirs ». Un seul problème avait été résolu, celui de la couverture d'un large espace sans points d'appui intermédiaires, et sans aucune pièce qui arrêtât le regard entre le sol et la voûte, haute à la clef de 35 mètres.

Dix années se passèrent, pendant lesquelles l'Europe se couvrit de grands ponts métalliques. Aussi, quand il fut question de préparer l'Exposition de 1867, non seulement on n'avait plus à compter avec l'insuffisance des usines ; mais déjà celles-ci étaient en mesure de livrer la tôle sous toutes les formes et les dimensions qu'on voudrait. Dans ces conditions, M. Krantz, chargé de la construction du palais, conçut le projet de donner à sa partie principale, c'est-à-dire à la galerie des machines, qui en devait occuper tout le pourtour, une ossature uniquement composée de pièces de tôle. Au lieu de lourdes colonnes en fonte, difficiles à transporter et à manier, c'est avec de véritables tubes de tôle, à section rectangulaire, formés de feuilles rivées, et assemblés sur place par tronçons, que l'on composa les piliers de la galerie, réservant la fonte pour les colonnes destinées aux hangars de moindres dimensions. Cette substitution, que la cherté du fer eût autrefois rendue presque impossible, pouvait s'entreprendre, maintenant que les progrès de la métallurgie avaient amené, dans le prix des tôles, une baisse considérable.

On donna à cette grande halle tournante une largeur de 35 mètres, une hauteur de 25 mètres sous clef, et on la couvrit avec des arcs de tôle, espacés de 15 en 15 mètres et n'ayant que 6 mètres de flèche. Cette forme surbaissée avait été choisie pour des motifs de convenance architecturale ; mais on pouvait craindre qu'il n'en résultât quelque poussée au vide sur les pieds droits tubulaires, malgré la grande section que ces derniers avaient reçue. Aussi prit-on la précaution de les prolonger, à partir de la retombée des arcs, par des sortes de clochetons, hauts de plus de 6 mètres et qui servirent à amarrer des tirants en fer, passant d'un bord à l'autre par-dessus la toiture.

Deux grands ateliers de construction, la maison Ernest Gouin et la Société en participation Cail-Fives, entreprirent et menèrent à bien l'exécution et le montage de cette halle. Comme d'ailleurs l'expérience était nouvelle et hardie, on jugea prudent de construire d'abord, dans les ateliers Gouin, une ferme d'essai et de la soumettre à diverses épreuves. Le soin de suivre ces expériences fut confié par M. Krantz à M. Eiffel, qui y recueillit les éléments d'un mémoire sur le *module d'élasticité des pièces composées.*

Pour la première fois, un grand espace se trouvait abrité, sans intervention de la fonte, par une combinaison de pièces de tôle, directement assises sur le sol. Mais, d'une part, la largeur de la galerie était sensiblement moindre que celle de la nef du palais de l'Industrie de 1855 et, d'autre part, si les fermes paraissaient se suffire à elles-mêmes, on pouvait prétendre que cela tenait à l'artifice qui, en reportant les tirants sur le toit, avait dissimulé ces pièces auxiliaires. A la vérité, il résultait de l'expérience acquise que le travail de ces tirants avait été à peu près négligeable; néanmoins leur présence était une cause, ou tout au moins une apparence d'infériorité. Il restait donc un double progrès à accomplir : élargir l'espace couvert et donner aux charpentes une forme qui dispensât de rien ajouter aux poutres.

La première partie de la difficulté n'a pas été abordée en 1878, époque où l'on s'est contenté, pour la galerie des machines, des 35 mètres de largeur qui avaient suffi en 1867. En revanche, la seconde a reçu une solution des plus satisfaisantes. Un éminent ingénieur, M. de Dion, que nous avons déjà vu, en 1855, prêter son concours à Flachat pour les calculs relatifs au pont de Langon, avait fait en 1875, devant la Société des ingénieurs civils, une importante communication. Il avait montré comment, dans le calcul de la déformation et de la résistance d'une pièce, droite ou courbe, on pouvait faire entrer en ligne de compte tous les éléments variables qui caractérisent soit la forme, soit les dimensions de la pièce, sauf à substituer aux calculs, le plus souvent inexécutables, les méthodes graphiques qui, dans ces derniers temps, ont été amenées à un haut degré de perfection (et que M. Maurice Lévy a récemment développées dans son grand ouvrage sur la *Statique graphique*). M. Krantz, alors commissaire général, et M. l'ingénieur en chef Duval, confièrent à M. de Dion le soin d'établir, pour la galerie des machines de 1878, le projet et les calculs de *fermes continues* en tôle, arquées en haut, droites en bas, dépourvues de tout tirant, donnant sous clef une hauteur disponible de 22 mètres et constituant, avec leurs pieds droits, de véritables poutres en arc brisé, encastrées dans le sol par leurs extrémités. Le problème d'un support *rationnel et homogène* était enfin résolu, grâce, d'une part, à l'habileté des ingénieurs, de l'autre, à la facilité avec laquelle les usines pouvaient désormais s'engager à donner aux tôles les formes et les dimensions prescrites par le calcul. Le montage des fermes fut exécuté avec un plein succès, pour une moitié par le Creusot, pour l'autre par la Société de Fives-Lille, et de toutes parts on fut unanime à reconnaître, comme cela avait été proclamé devant la Société des ingénieurs civils, que ce nouveau type « ferait époque dans l'histoire des constructions métalliques ». Aussi est-ce avec justice que les poutres continues sont désignées parmi les ingénieurs sous le nom de *fermes de Dion.*

L'Exposition de 1889 offrait une excellente occasion d'essayer les nouvelles fermes sur une échelle encore inusitée; et la tentation devait être d'autant plus grande, pour des Français, de forcer cette échelle, que, si nous avions le droit de citer à notre actif la nef du palais de l'Industrie, avec ses 48 mètres de largeur et le nouvel embarcadère de Paris à Orléans, où les charpentes en tôle (appuyées il est vrai, sur des murs de maçonnerie) ont 51^m,50 de portée, les Anglais pouvaient nous opposer victorieusement la gare de Saint-Pancras, construite à Londres, en 1868, par M. Barlow, et où la portée des fermes atteint 73 mètres.

De là est née, dans l'esprit des directeurs de l'Exposition, l'idée du palais des Machines, dont l'exécution s'est poursuivie, sous la direction de M. l'ingénieur Contamin et de M. l'architecte Dutert, avec l'active collaboration des ingénieurs de la Société de Fives-Lille, et notamment de M. Lantrac. Un espace de *cent quinze mètres* de largeur sur *quatre cent quinze mètres* de longueur est couvert, sans aucun appui intermédiaire, par une succession d'énormes fermes en pièces de tôle, espacées de 21^m,50 (sauf au milieu et aux deux extrémités, où l'espacement dépasse 25 mètres). Ces fermes, dont le profil est à peu près celui d'une ogive surbaissée, laissent, à la clef, une hauteur disponible de 45 mètres, c'est-à-dire presque la hauteur de l'Arc de Triomphe de l'Étoile, un peu plus que celle de la colonne Vendôme et 10 mètres de plus que la nef du palais de l'Industrie. Chacune d'elles est un gigantesque fer à double T, dont les semelles sont réunies l'une à l'autre, non par une tôle continue, mais par une succession d'entretoises normales et de fers en croix, jetés d'une entretoise à la suivante. Presque droites au sommet (où le rayon de la semelle extérieure est de plus de 220 mètres), les poutres se courbent rapidement au voisinage des naissances, sous forme d'arcs de 28 mètres de rayon.

L'espace directement couvert par la toiture que supportent ces fermes est de plus de 4 hectares et demi. Mais avec les galeries latérales qui viennent s'y adjoindre des deux côtés, et qu'abritent des arcades, collées contre la grande voûte comme autant de contre-forts, la superficie couverte dépasse 6 hectares, pour lesquels il a été employé environ *onze millions de kilogrammes* de métal. L'ouvrage a été conçu de manière à pouvoir supporter, outre son propre poids, une charge accidentelle de 50 kilogrammes de neige par mètre carré de couverture, et une poussée normale de vent de 120 kilo-grammes par mètre carré de surface exposée. La fatigue du fer ne va pas au delà de 7 kilogrammes par millimètre carré; exception-nellement, quelques parties peuvent travailler à 9 kilogrammes.

La compagnie de Fives-Lille, dont le directeur, M. Duval, a coopéré autrefois de la manière la plus active à la construction des palais de 1867 et de 1878, et la Société des anciens établissements Cail, aujourd'hui dirigés par le colonel de Bange, se sont partagé la fabrication et ensuite la mise en place des fermes, dont le levage a été effectué avec une grande habileté. La seule chose que l'expé-rience ait conduit à ajouter au projet est une série de tirants croisés, d'ailleurs très légers, qui servent de *contreventement* aux trois travées médianes (celles des extrémités ont toujours dû en être pourvues). En effet, des entretoises, jetées normalement d'une ferme à l'autre, ne suffisent pas pour empêcher le renverse-ment des arcs sous l'effort du vent; car elles y peuvent participer sans changer de longueur ni de direction. On l'avait bien vu au mois de juin 1854, lorsqu'un violent orage inclina dans le même sens toute la charpente du palais de l'Industrie, dont le montage venait à peine d'être achevé, et qu'il fallut redresser en perdant à cette réparation plusieurs semaines. Au contraire, des tirants obli-ques et croisés empêchent le déversement par la résistance que les croix opposent à leur propre déformation, qui comporterait simul-tanément l'allongement d'un bras et le raccourcissement de l'autre.

Dès le premier coup d'œil jeté sur l'ossature si apparente et en même temps si imposante du palais des Machines, on ne peut manquer d'être frappé du rapide changement de forme que subis-sent, à leur extrémité inférieure, les poutres des fermes. Tandis qu'à la clef la distance d'une semelle à l'autre (c'est-à-dire de l'intrados à l'extrados) est de 3 mètres, et que cette distance croît constamment jusque près des naissances, où elle atteint $3^m,70$, brusquement chaque poutre se termine par une sorte de V à axe vertical, qui repose sur le sol par la pointe. En regardant de plus près, on reconnaît que cette pointe (ou plutôt cette arête) est formée par un robuste sabot de fonte où s'enchâssent les tôles et qui lui-même, façonné en coussinet, porte sur un gros tourillon d'acier. A son tour, ce tourillon repose sur un autre coussinet de fonte, faisant le pendant du premier et relié à la fondation en maçonnerie par de solides boulons. En outre, si l'on regarde en l'air, on s'aperçoit qu'il n'y a pas de clef de voûte et qu'au lieu d'être continue d'une naissance à l'autre, la poutre arquée de chaque ferme est interrompue et amincie au milieu, se divisant en deux moitiés dont chacune s'arrondit en face de l'autre et se termine par une cavité en demi-cercle. Grâce à ces deux échancrures, les deux moitiés de l'arc s'appuient, par l'intermédiaire de coussinets en fonte, contre une grosse rotule d'acier, qui, seule, établit leur liaison. La même disposition s'observe d'ailleurs dans les fermes du palais des Arts libéraux et de celui des Beaux-Arts, où la portée est d'un peu plus de 52 mètres (mais où de longs tirants, dissimulés dans le sol, compensent l'excès de hauteur qu'il a fallu donner aux pieds-droits). En résumé, il est permis de dire que chaque poutre de la grande halle des machines est un appareil mobile autour de *trois charnières*, dont deux à la base et une au sommet.

Au premier abord, cette disposition articulée semble bien faite pour surprendre; car on se croit généralement fondé à penser qu'une voûte a besoin d'être d'autant plus stable et plus rigide qu'elle a plus d'ampleur. Cependant réfléchissons qu'il s'agit ici d'une pièce de métal, destinée à éprouver, beaucoup plus que la pierre, l'effet des changements de la température. Effectivement, ce motif est pour beaucoup dans le choix d'un mode de jonction qui n'ait rien d'invariable. Les rotules inférieures surtout sont opportunes lorsque, comme c'est le cas au Champ de Mars, on n'est pas absolument sûr de la stabilité du sous-sol, en sorte qu'il faut éviter le développement, sur les massifs de fondation, d'une poussée oblique, que ferait naître l'extension de la poutre par l'action de la chaleur.

Mais une autre raison est intervenue dans le choix de ce genre d'assemblage. Pour la bien comprendre, il est nécessaire de se reporter aux conditions d'établissement d'une poutre en arc ou, en général, d'une voûte quelconque. Le premier soin de l'ingénieur qui en conçoit le projet doit être de se rendre compte de la manière dont les pressions se répartiront en chaque point. Ces pressions sont dues, d'abord au poids de l'ouvrage, ensuite aux charges accidentelles qu'il est appelé à supporter. Si, par la pensée, on décompose la pièce en une infinité de voussoirs contigus, chaque face de voussoir supportera des pressions, dont l'ensemble peut être mécaniquement représenté par une seule force ou *résultante*, appliquée en un point déterminé de la face. La réunion de tous ces points formera une courbe, dite *courbe des pressions*, qui est caractéristique de la voûte projetée. Maintenir cette courbe dans l'intérieur de la voûte (ou de la poutre) à une distance suffisante de l'intrados comme de l'extrados, de manière que les bords de la pièce ne soient pas soumis à un trop grand effort, qui les écraserait ou les ferait éclater, tel est le but qu'un ingénieur doit toujours se proposer. Mais la détermination de cette courbe n'est pas toujours chose facile, surtout quand on aborde des dimensions inusitées.

Aussi juge-t-on parfois opportun d'adopter une forme telle, que la ligne des pressions soit nécessairement assujettie à passer en certains points arbitrairement choisis. Par exemple, la théorie montre que la connaissance de trois points espacés suffit absolument pour faire cesser toute indécision sur le passage de la courbe dans les intervalles. Or c'est précisément se donner trois points que d'obliger un arc à reposer sur trois rotules. Cette solution avait déjà été appliquée, il y a plus de vingt ans, à plusieurs ponts construits sur la ligne du Nord. Il est naturel qu'une telle considération, jointe à la question de la température, ait déterminé la disposition des arcs du palais des Machines. Grâce aux trois charnières, tout le tracé de la courbe des pressions se trouve défini et il devient facile de calculer, en chaque point, les dimensions que doivent recevoir les tôles, pour que la pièce entière soit ce que nous avons appelé, dans notre premier article, *un solide d'égale résistance*. Telle est la raison de cette forme, si surprenante au début pour tous ceux qui sont habitués à voir les voûtes soigneusement fermées à la clef et leurs piliers de plus en plus épais au voisinage des appuis. Ajoutons que, d'après les constructions indiquées par M. Maurice Lévy dans sa *Statique graphique*, la connaissance de deux points, tels que les deux charnières inférieures, suffirait pour déterminer le tracé, sans qu'il en résultât de complication sensible ; de telle sorte qu'à la rigueur (en supposant qu'on eût cru devoir renoncer à une précaution de plus contre les mouvements dus à la température) on pouvait se passer de la rotule supérieure et faire de chaque poutre un arc continu, reposant sur deux pivots.

La rapidité avec laquelle diminue la hauteur des poutres, au voisinage des tourillons inférieurs, peut suggérer une autre réflexion. Puisque les extrémités de chaque demi-arc, amincies de cette façon, suffisent à leur tâche, était-il absolument nécessaire de donner au reste de la pièce d'aussi fortes dimensions? Ne pouvait-on pas la faire plus légère et réaliser une économie de métal, qui eût rendu l'œuvre plus saisissante? Il est possible en effet que, par une prudence bien naturelle à l'occasion d'un travail sans précédent, on ait un peu exagéré la force des poutres. Toutefois, il ne faut pas oublier, d'abord, que l'amincissement du V est plus apparent que réel; car les semelles s'élargissent en se rapprochant, et l'âme est renforcée par de solides cornières; ensuite que la pression du vent, lors des ouragans, expose les fermes à des efforts qui exigent précisément un notable supplément de force dans le voisinage des naissances. D'ailleurs, en présence d'une pareille portée, l'œil se ferait mal à des arcs qui paraîtraient trop grêles.

En somme, le palais des Machines demeure une construction hors ligne, propre à faire honneur au pays qui en peut revendiquer non seulement l'exécution, mais encore la longue préparation. Car, nous l'avons vu, c'est en France qu'est née l'idée des poutres rationnelles; c'est grâce aux calculs de nos ingénieurs qu'on a pu se lancer, de plus en plus délibérément, dans cette voie hardie. Qu'on ne dise pas, d'ailleurs, que ce triomphe de la théorie a été payé cher, et que ce palais est un tour de force inutile, où des millions auraient été dépensés uniquement pour *faire grand*. Quelques chiffres fourniront la meilleure des réponses à cette accusation. En 1867, pour abriter les machines, on avait employé 154 kilogrammes de fer par mètre carré de surface couverte. La galerie de 1878 en avait exigé 140; celle de 1889 en absorbe 148. C'est presque identiquement la même chose, et, en revanche, la quantité de métal, *par mètre cube* d'air enveloppé, dépasse à peine 4 kilogrammes, demeurant inférieure aux chiffres des expositions précédentes. Aussi est-il permis de dire que les auteurs de cette grande œuvre échappent même à tout soupçon de gaspillage.

Ce n'est pas seulement par la hardiesse et la forme rationnelle des poutres que se distinguent les édifices métalliques de l'Exposition de 1889. On y a trouvé l'occasion de faire ressortir toutes les ressources qu'il est permis d'attendre de l'emploi, franchement avoué, du fer dans la construction des coupoles. Les trois dômes, savoir : le dôme central décoré par M. Bouvard, les dômes des Arts libéraux et des Beaux-Arts, ornés par M. Formigé, à peine inférieurs en dimensions aux plus renommées d'entre les coupoles en maçonnerie, mais élevés avec une prodigieuse rapidité, sont remarquables par la lumière qui les inonde, comme par la légèreté des pièces dont ils sont composés. En outre, tandis que le palais des Machines, auquel on a tenu à garder un caractère strictement industriel, ne présente à l'extérieur qu'un assemblage de fer, de zinc et de verre, M. Formigé a pu donner à ses deux palais une tournure architecturale très satisfaisante, par l'intercalation de pièces de terre cuite et de faïence dans les vides laissés par le métal. La peinture bleue de ce dernier se marie on ne peut plus agréablement avec le ton chaud des poteries. Ainsi, sans dissimuler en aucune façon la carcasse métallique des édifices, sans donner aux matériaux de remplissage d'autre caractère que celui d'une chemise protégeant l'intérieur contre les intempéries, on a su trouver enfin un mode de décoration approprié à ce nouveau genre de constructions et convenant bien, par la gaîté des tons employés, à la destination spéciale du monument.

Le palais des Machines de 1889 est un infiniment grand dans l'ordre des constructions métalliques. Il semble, au premier abord, que ce soit à l'extrémité opposée de la série qu'il convienne de classer la coupole en acier, récemment construite par M. Eiffel pour l'Observatoire de Nice et dont un modèle réduit abrite, dans les jardins de l'Exposition, les bureaux du célèbre constructeur. Pourtant cette coupole, avec ses $22^m,40$ de diamètre intérieur, mérite d'être considérée comme un appareil gigantesque et, en même temps, comme un tour de force, relativement aux constructions du même genre.

On sait que le principal instrument de recherche, dans les observatoires, est une lunette appelée *équatorial* et disposée de manière à pouvoir viser n'importe quel point de la voûte céleste, en même temps qu'un mouvement d'horlogerie lui permet de ne pas perdre de vue le point visé, malgré la rotation dans laquelle l'instrument est emporté avec le globe. Que l'observateur ait l'œil fixé à l'équatorial ou qu'il s'y fasse, comme aujourd'hui, remplacer en bien des cas par un appareil de photographie, c'est la puissance de la lunette qui règle seule la valeur des informations qu'on en tire. Il y a donc intérêt à lui donner un objectif de grand diamètre, et par conséquent de long foyer, ce qui exige que le tube ait une grande longueur. Mais l'équatorial ne peut pas fonctionner en plein air. Il faut l'abriter sous une coupole qui soit susceptible de s'ouvrir en face de l'instrument et, de plus, il est nécessaire que l'ouverture change de place à mesure que la lunette est emportée par le mouvement diurne. Pour satisfaire à ces exigences, on n'avait jusqu'à présent connu qu'un moyen : rendre la coupole mobile, en la faisant reposer, par des galets, sur une plate-forme bien dressée, et en ménageant un mécanisme capable d'imprimer à l'ensemble un mouvement de rotation. C'est ainsi que l'Observatoire de Paris possède une coupole en tôle de 12 mètres de diamètre, dont la manœuvre se faisait autrefois à la main, par un treuil, en exigeant quarante-cinq minutes pour un tour entier, tandis qu'aujourd'hui l'emploi d'un moteur à gaz permet d'effectuer le travail en dix minutes.

La libéralité de M. Bischoffsheim ayant doté l'Observatoire de Nice d'un magnifique équatorial de *dix-huit mètres* de longueur, il fallait, pour abriter ce géant, une coupole d'au moins 22 mètres. Même en lui donnant une carcasse d'acier, il n'était pas possible de réduire son poids au-dessous de *quatre-vingt-quinze mille kilogrammes*. Mais comment rendre maniable une pareille masse? M. Eiffel eut l'idée de donner pour base, à cette coupole, non plus une couronne de galets, roulant sur une plaque métallique, mais une sorte de bateau annulaire en tôle, un vrai flotteur, lequel plongerait dans une cuve également annulaire et remplie d'un liquide convenablement choisi. La préférence tomba sur le chlorure de magnésium, corps contenu à l'état de dissolution dans l'eau des mers. Ce liquide, dont le litre pèse 1250 grammes, n'attaque pas sensiblement les tôles peintes au minium et offre le grand avantage de ne se congeler, comme le mercure, qu'à *quarante degrés au-dessous de zéro*. La coupole ainsi suspendue peut être mise en mouvement par la main d'un enfant. Si trois ou quatre hommes réunissent leurs efforts, ils peuvent lui donner une impulsion qui fait faire au système un tour en une minute; après quoi, la vitesse acquise suffit pour lui en faire décrire encore deux ou trois avant l'arrêt définitif. Bien entendu, des galets de sûreté ont été ménagés en cas d'accident et d'autres galets agissent comme des freins, pour empêcher la coupole d'obéir à l'action du vent.

Ainsi, grâce à d'ingénieuses dispositions, l'art des constructions métalliques a permis à l'astronomie française d'installer en 1887, sous un ciel remarquablement pur, un instrument d'une puissance extraordinaire, destiné à nous révéler plus d'un secret que la voûte céleste avait réussi à garder jusqu'ici.

IV. LES VIADUCS MÉTALLIQUES. LA TOUR EIFFEL. LES DERNIÈRES AUDACES DES INGÉNIEURS.

Nous venons de voir l'architecture métallique réaliser en quarante ans de remarquables progrès, depuis l'heureux essai de la bibliothèque Sainte-Geneviève jusqu'au gigantesque palais des Machines de 1889. D'abord simple auxiliaire de la maçonnerie, à l'intérieur de laquelle on l'emploie, dans un but d'économie, pour couvrir des espaces qu'il serait impossible ou trop coûteux de voûter en pierres, le métal a fini par vivre de sa vie propre. En même temps qu'il a fait naître un style architectural nouveau, approprié aux conditions économiques et sociales des temps actuels, il est devenu, aux mains des ingénieurs et des architectes, le moyen de résoudre une véritable antinomie, c'est-à-dire d'accomplir *rationnellement* des *tours de force*.

Il est temps maintenant, pour achever de parcourir le cycle des audaces de la construction métallique, de revenir aux chemins de fer. Nous les avons laissés, dans notre second chapitre, aux environs de 1860, c'est-à-dire en pleine floraison de l'art des ponts en tôle. Jusqu'à cette date, on n'a guère construit que les lignes principales, celles qui mettent en relation les grands centres de population, échelonnés, pour la plupart, le long des grandes voies navigables, dans des pays de relief modéré, où la traversée des larges rivières est à peu près le seul problème difficile qui se pose devant les ingénieurs.

Mais le développement du réseau des voies ferrées va engendrer de nouveaux besoins. Il faut maintenant aborder les régions de haut relief; d'un côté les montagnes, telles que le Jura et les Alpes, de l'autre les pays âpres, aux ravins profondément encaissés, comme le plateau central de la France. La plupart du temps, des remblais suffiront pour assurer la traversée de ces ravins; mais il est des cas où cette solution devra être écartée, soit qu'elle exige une masse trop considérable de matériaux pour combler le gouffre, soit que la stabilité du remblai inspire des doutes légitimes, soit enfin qu'il s'agisse de franchir une vallée profonde, juste au-dessus d'une ville ou en face d'un paysage qu'il serait criminel de massacrer. En pareil cas, les viaducs s'imposent. D'abord on les fera en maçonnerie, et quelques-uns, comme celui de Morlaix, dont les magnifiques arcades dominent de beaucoup la pointe du clocher de la ville, mériteront à bon droit de passer pour de véritables monuments. Mais la pierre est chère et, fût-on à proximité des carrières de granite, on ose difficilement risquer une telle dépense pour des lignes de second ou de troisième ordre. On commencera par diminuer le nombre des appuis, en construisant des ouvrages mixtes, où quelques piles en maçonnerie supporteront des poutres en treillis de fer de grande portée. Mais pourquoi ces piles elles-mêmes ne seraient-elles pas en métal? En Amérique, sur les lignes hardiment jetées à travers des régions dont la civilisation n'avait pas encore pris possession, les constructeurs, pressés d'aboutir et trouvant du bois en abondance, ont élevé, pour soutenir les ponts en treillis, de grandes piles faites de troncs d'arbres. En Europe, où les usines sont prêtes à livrer partout le fer et la fonte, en quelques dimensions que ce soit, il est naturel d'affecter le métal au même objet, et ainsi les viaducs métalliques vont devenir la solution appropriée aux passages difficiles.

Le plus ancien ouvrage de ce genre est celui qui fut exécuté, en 1853, à Crumlin, dans le Pays de Galles. Les piles étaient des charpentes en fonte et mesuraient 53 mètres de hauteur. L'année suivante, on commençait en Suisse, sur la Sille, un autre viaduc en fonte, avec piles de 43 mètres. Enfin, de 1857 à 1862, les ingénieurs du Creusot édifiaient à Fribourg, sur le ravin de la Sarine, à côté d'un pont suspendu justement célèbre, un viaduc destiné à porter une poutre droite en treillis. La poutre, dominant le torrent de 80 mètres, s'appuyait sur des piles métalliques hautes de 43 mètres, qui reposaient sur des socles en maçonnerie de 27 mètres. Ce travail, dirigé par M. Mathieu, fut l'occasion d'un nouveau progrès dans l'art du *levage*, c'est-à-dire de la mise en place des pièces. La poutre en treillis, peu à peu assemblée au niveau qu'elle devait définitivement occuper, était progressivement poussée, par voie de lançage, au delà des supports déjà dressés, jusqu'à ce que, suspendue sur le vide, elle arrivât à l'aplomb des fondations d'une nouvelle pile. Là, l'extrémité en porte-à-faux de la poutre servait de point d'appui aux grues et aux poulies, à l'aide desquelles on montait, l'une après l'autre, les pièces de métal, préalablement amenées au fond du ravin.

Ces divers essais ayant établi qu'une pile métallique coûtait deux fois moins qu'un ouvrage de même hauteur en maçonnerie, M. Nordling résolut d'appliquer la même solution aux viaducs de la Cère et de Busseau d'Ahun, dans le plateau central. Il construisit des piles de 35 mètres, en forme de troncs de pyramides, formées chacune de huit arbalétriers ou colonnes en fonte et supportant une poutre en treillis à travées de 45 mètres. Ces ouvrages, terminés en 1865, furent justement admirés pour leur grande légèreté. Ensuite, le même ingénieur fit exécuter, moitié par la maison Cail, moitié par la maison Eiffel, quatre viaducs métalliques, pour une seule voie, sur la ligne de Commentry à Gannat. L'un d'eux, celui de la Bouble, a des piles de 56 mètres, ne comprenant plus que quatre arbalétriers de fonte, vu leur moindre largeur. Ce travail fut fait en 1870.

Les piles construites par M. Nordling, comme celles du viaduc de Fribourg, étaient faites de colonnes de fonte, reliées par des étrésillons en fer. L'idée devait venir, à mesure qu'on en augmentait la hauteur, d'éliminer entièrement la fonte. En effet, si ce métal semble d'abord indiqué de préférence pour un ouvrage destiné à travailler par compression, il ne faut pas oublier qu'une pile, à mesure qu'elle s'élève, offre de plus en plus de prise au vent, de sorte que l'effort de renversement qui en résulte impose à la matière un travail additionnel de flexion. Dans les ravins des pays de montagnes, l'effort du vent ne peut pas être évalué à moins de 170 kilogrammes par mètre carré de surface exposée, et cette pression serait encore plus considérable au voisinage de la mer. Lors donc qu'on dépasse une certaine hauteur, il y a intérêt, d'une part à réduire les dimensions des pièces, de l'autre à leur donner une suffisante élasticité. Ces deux conditions seront satisfaites ensemble par l'emploi du fer, lequel d'ailleurs est bien plus maniable, pouvant s'assembler par petits tronçons. Il y a plus : on a constaté que la fonte, même uniquement soumise à des efforts de compression, supporte mal la variabilité de ces efforts, telle qu'elle résulte de l'inégalité des charges accidentelles. C'est une nouvelle raison, quand il s'agit d'ouvrages sur lesquels doivent passer des trains lourdement chargés, de préférer le fer, aujourd'hui surtout que son prix de revient a été si fort abaissé.

L'occasion d'appliquer ce nouveau mode de construction s'offrit en 1877 à M. Eiffel, lorsque le gouvernement portugais eut entrepris d'établir une jonction directe entre la ville de Porto et les riches provinces méridionales, qui en sont séparées par le Douro. Ce fleuve, très voisin de son embouchure, n'en coule pas moins dans une vallée profonde et assez encaissée. Il s'agissait de le franchir sans porter obstacle à la circulation des grands navires qui fréquentent le port. La solution indiquée par le relief de la vallée était celle d'un viaduc en treillis, porté sur piles métalliques et dont le tablier eût été à 61 mètres au-dessus du niveau de de l'eau. Mais s'il était facile d'établir les supports des piles au-dessus des versants rocheux de la vallée, il n'en était pas de même pour la portion centrale. En effet, le Douro, très large en cet endroit, y présente des profondeurs de 15 à 20 mètres; le courant est rapide et affouille le fond, où les sondages accusent, jusqu'à 40 mètres, l'absence complète de rocher. Dans ces conditions, il n'était plus possible de songer à jeter des fondations de maçonneries, destinées à servir de socles à des piles. Il fallait franchir l'obstacle par une seule travée; mais il y avait 160 mètres d'une rive à l'autre, entre les derniers points sur lesquels on pût établir des culées, c'est-à-dire ceux mêmes où s'appuyaient les dernières piles du viaduc. Encore cette distance n'eût-elle pas constitué, à elle seule, une difficulté insurmontable; car, de 1868 à 1870, les Américains avaient réussi à construire à Saint-Louis, sur le Mississipi, un pont en tubes d'acier, dont les travées, en forme d'arcs surbaissés, avaient chacune 157 mètres d'ouverture. Même, plusieurs années auparavant, l'exemple des hardiesses avait été donné par M. Oudry, lorsqu'il avait dressé, pour le port de Brest, le projet de ce beau pont tournant, que le Creusot exécuta en 1861, et où deux demi-travées, complètement équilibrées et mobiles sur des couronnes de galets, franchissent une portée de 117 mètres d'axe en axe des piles.

Mais il aurait fallu, pour établir sur le Douro un arc surbaissé, barrer l'entrée du port; car c'était chose impossible d'appuyer un pareil ouvrage sur des culées assez hautes pour laisser les navires passer librement sous les arches. C'est alors que M. Eiffel eut l'idée de jeter, sur ce vide immense, un arc métallique à courbe très accentuée, qui monterait assez haut pour porter directement, à la clef, le tablier destiné au chemin de fer, tandis que ses reins serviraient d'appui à deux petites piles, diminuant de moitié la portée comprise entre le sommet de l'arc et les derniers supports métalliques, fondés sur le roc.

Cette conception très hardie fut réalisée avec un plein succès entre le mois de mars et le mois de septembre de l'année 1877. L'arc (dont les éléments ont été calculés par M. Seyrig, alors associé de M. Eiffel), a 160 mètres de portée, avec 42 mètres de flèche, ce qui veut dire que ses naissances sont déjà à une vingtaine de mètres au-dessus du niveau de l'eau. Au lieu de reposer sur les culées par l'intermédiaire de plaques de fonte, sur lesquelles la tôle aurait été boulonnée, l'extrémité de l'arc s'appuie sur une rotule (comme il a été expliqué pour le palais des Machines). On évite ainsi les poussées obliques causées par la dilatation et qui, s'exerçant sur la maçonnerie, eussent mis l'équilibre des culées en grand danger. En raison de cette disposition, l'arc s'amincit progressivement jusqu'aux naissances et c'est à la clef que la pièce, composée de croisillons, possède sa plus grande dimension. Vue du fleuve, elle a la forme d'un croissant parabolique, posé sur ses deux cornes. De plus, tandis qu'au sommet la largeur comprise entre les deux fermes extrêmes de l'arc n'est que d'environ 4 mètres, cette largeur croît jusqu'aux naissances, où elle est de 15 mètres. Ainsi les fermes sont convergentes et par là l'ouvrage gagne en stabilité vis-à-vis des efforts du vent.

Ce qui a été particulièrement remarquable, c'est le montage de l'arc, effectué tout entier en porte-à-faux, au-dessus de l'abîme, sans cintres ni échafaudages d'aucune sorte. Déjà le montage en porte-à-faux avait été appliqué par le Creusot au pont d'El Cinca, mais pour une portée moindre et sous la protection d'énormes tympans encastrés dans le rocher. Ici le cas se compliquait de la faible base de l'arc et de la nécessité de l'élever au fur et à mesure de l'allongement. Pendant l'exécution, chaque partie déjà posée servait d'appui à des bigues ou petites grues qui faisaient monter, jusqu'au niveau de mise en place, les pièces apportées sur le fleuve par des bateaux. Pour empêcher que, pendant cette opération, le fer ne fùt soumis à des efforts excessifs, on eut soin d'amarrer les parties suspendues sur le vide à des câbles d'acier, prenant leur point d'appui sur le roc. Les câbles employés au Douro étaient composés de 6 torons, chacun comprenant 19 fils d'à peu près 3 millimètres, et dont la résistance à la rupture atteignait 105 kilogrammes par millimètre carré.

Ainsi fut édifié le pont-viaduc *Maria Pia*, aussi remarquable par la hardiesse du plan que par la légèreté de l'ouvrage et l'extrême simplicité des moyens mis en œuvre pour l'exécution.

Le succès obtenu en cette circonstance engagea le gouvernement portugais à ouvrir un concours pour établir, tout au fond du port, un pont fournissant une double communication entre les deux rives, savoir : une route supérieure, reliant les plateaux à 62 mètres au-dessus du fleuve; et un passage inférieur entre le quai de Porto et celui de Villanova de Gaia, laissant, pour la batellerie (les grands navires ne remontent pas au delà), un passage de 10 mètres de hauteur. M. Seyrig, dont le projet obtint la préférence, acheva en 1885 la construction de ce pont-route, qui reçut le nom de *Luis I°*. C'est, en gros, une répétition du premier, mais avec une portée plus grande (172 mètres). La passerelle inférieure est suspendue à l'arc, sur lequel porte le pont supérieur, à peu près comme la passerelle du pont de l'Alma est suspendue à l'arc ogival que MM. Moisant, Laurent et C° ont jeté, pour l'Exposition, au-dessus des avenues Rapp et Bosquet. Quant à l'arc, bien qu'il repose aussi sur des rotules, on lui a donné une forme telle, que sa hauteur aille en augmentant de la clef aux naissances, disposition qui satisfait mieux le regard.

Avant que s'exécutât ce remarquable ouvrage, le plus hardi comme portée qui eût encore été construit, M. Eiffel était appelé, en France, à faire ce qu'on pourrait appeler une seconde édition du viaduc *Maria Pia*. On agitait alors la question du chemin de fer de Saint-Flour à Marvejols. Mais une grave difficulté en entravait l'exécution. A 10 kilomètres de Saint-Flour s'ouvrait, en travers du tracé, la gorge profonde et sauvage de la Truyère ou Trueyre, affluent du Lot. Pour pouvoir descendre, sur les flancs de cette gorge, jusqu'à n'avoir plus, au-dessous de soi, que la hauteur ordinairement accordée aux grands viaducs, il aurait fallu allonger le parcours, à travers mille difficultés, et dépenser, de ce seul chef, plusieurs millions en sus du viaduc lui-même. L'ingénieur chargé des études, M. Boyer, eut l'heureuse idée de s'inspirer, en cette circonstance, de ce qui avait si bien réussi sur le Douro, c'est-à-dire d'asseoir la partie centrale du tablier sur un grand arc en croissant. La portée de l'arc restait à peu près la même qu'a Porto, soit de 165 mètres; mais la hauteur du rail au-dessus de la rivière devait atteindre 124 mètres, juste le double de ce qu'elle est en Portugal et la longueur totale du tablier métallique, reposant à la fois sur l'arc, sur les piles ayant le rocher pour fondement et sur celles que supporteraient les reins du croissant, s'élèverait à 564 mètres.

L'administration des travaux publics fut assez bien inspirée pour accepter le projet, en 1879, malgré ses apparences de témérité; en même temps elle décida qu'il convenait d'en confier l'entreprise à M. Eiffel, qui en pouvait revendiquer la première paternité. Ainsi fut construit le célèbre *viaduc de Garabit*, dont la popularité ne devait être éclipsée que par celle de la tour de 300 mètres, quoique, malheureusement pour la gloire de ses auteurs, ce chef-d'œuvre se trouve dans un pays où bien peu de gens ont l'occasion de voyager [1]. Comme à Porto, la mise en place des matériaux avait eu lieu sans le secours de cintres ni d'échafaudages d'aucune sorte, sous la protection de câbles de retenue en acier.

Dans cet ouvrage, comme dans ceux du Douro, non seulement un grave problème d'architecture métallique se trouve résolu avec une extrême simplicité de moyens; mais la solution en est acquise sans qu'il ait rien fallu sacrifier du paysage. Au lieu de poutres disgracieuses et de raides échafaudages, comme on s'est trop souvent résigné à en jeter, en Angleterre ou en Amérique, même à travers de beaux sites, c'est un arc élancé, presque élégant, d'une légèreté aérienne, qui vient rompre la monotonie du viaduc en s'interposant sur l'abîme réputé infranchissable. Tandis que le voyageur qui s'y confie peut se croire un moment suspendu dans les airs, ayant sous ses pieds de quoi superposer facilement la colonne Vendôme aux tours de Notre-Dame, le touriste engagé dans la contrée voisine garde le droit d'admirer l'art des ingénieurs français, sans avoir à les maudire du même coup pour un crime de lèse-nature.

Après avoir si brillamment construit les ouvrages du Douro et de Garabit, après avoir eu la hardiesse de lancer sur la Tardes,

[1] Du moins un beau paysage colorié, qui fait partie de l'Exposition de l'École centrale, au coin nord-est du pavillon des Arts libéraux, permet-il de s'en faire une idée très exacte. M. Eiffel en a aussi exposé un modèle en relief et un autre figure, au Trocadéro, dans le pavillon des Travaux publics.

près de Montluçon, une travée droite en treillis de *cent mètres*, dominant de 92 mètres le fond du ravin, M. Eiffel se trouvait tout indiqué pour édifier, au Champ de Mars, quelque spécimen extraordinaire et vraiment nouveau de l'industrie métallique. Aussi, dès que l'Exposition de 1889 fut résolue, offrit-il d'y concourir par la construction d'une tour de 300 mètres. Jusque-là, le monument le plus haut du globe était l'obélisque en granite élevé à Washington par les Américains, et qui mesure 169 mètres. Lors de l'Exposition de Philadelphie, on avait pensé à l'érection d'une tour de 1000 pieds (300 mètres). Mais il n'avait pas été donné suite à cette intention. Depuis lors, les Italiens ont construit à Turin une tour de 170 mètres, qu'ils ont appelée *Mole Antonelliana*. Ce monument, qui dépasse d'un mètre l'obélisque américain, a été terminé il y a peu de semaines.

Si l'idée de dépasser sensiblement la hauteur de l'obélisque de Washington a été le motif déterminant de l'adoption du projet, M. Eiffel, en proposant cette entreprise, qu'un de ses collaborateurs, M. Nouguier, avait le premier conçue et que cet ingénieur étudiait avec persévérance depuis 1885 en compagnie de son collègue M. Kœchlin, M. Eiffel, disons-nous, poursuivait en même temps un but plus pratique. Jusqu'alors, la plus haute pile métallique de viaduc qui eût été construite était de 75 mètres, et bien des ingénieurs soutenaient qu'on pourrait difficilement aller plus loin. Contrairement à cette opinion, M. Eiffel se faisait fort d'atteindre 100 et même 120 mètres de hauteur. Il lui plut d'en fournir une preuve irrécusable, et, pour montrer qu'il ne se lançait pas à l'aventure, il exposa dès le début, devant la Société des ingénieurs civils, le principe ingénieux sur lequel on comptait s'appuyer.

Nous avons dit que l'un des principaux obstacles à la construction de hautes piles était la poussée du vent, qui tend à les renverser. Pendant longtemps, pour résister à cette poussée, on n'a pas imaginé qu'il y eût autre chose à faire, d'abord, que de donner aux piles une forme pyramidale, ensuite que de relier solidement entre elles, par des pièces entrecroisées, pour les défendre contre les efforts de flexion, les poutres métalliques formant les arbalétriers ou arêtes de la pyramide. Cette nécessité accroissait le poids de l'ouvrage et, du même coup, en limitait la hauteur. Or si l'on analyse les conditions de stabilité des piles, on reconnaîtra qu'il y a un moyen de rendre inutile l'adjonction de tirants en croix. Essayons de faire comprendre en quelques mots cette solution.

Admettons qu'une pile soit en construction et que, par un moyen quelconque, on ait assuré sa stabilité jusqu'au plan horizontal ou plan de niveau, auquel nous la supposons actuellement arrêtée.

Toute la partie qui doit dépasser cette hauteur est destinée à subir, de la part du vent, des efforts que la mécanique permet de remplacer par l'action d'une force unique, dite résultante, appliquée en un point déterminé de l'axe de la face exposée au vent. Ce point sera naturellement au-dessus du plan d'équilibre considéré, à une distance qui définira le *bras de levier* avec lequel agit la force de renversement. Or si, à partir du plan, on donne aux arêtes de la pyramide des inclinaisons telles, que leurs directions aillent se rencontrer *juste au point d'application de la résultante du vent*, on peut démontrer qu'alors l'intervention des pièces en croix devient tout à fait superflue, l'effort du vent s'exerçant directement, et non plus obliquement, sur les arêtes. Seulement comme, à mesure qu'on s'élève, le point où passe la résultante en question change de place, il est clair qu'à tout instant la direction des arêtes doit aussi changer; dès lors il faut qu'elles soient *courbes*, et on peut s'assurer qu'elles doivent tourner leur concavité vers l'extérieur. Ce sont alors les *tangentes* à ces arêtes courbes, menées par leurs intersections avec chaque plan de niveau, qui doivent toutes converger vers un même point, variable avec la situation du plan.

Tel est le principe sur lequel repose la construction de la tour Eiffel. Ainsi cette courbure progressive des arêtes, et par conséquent des faces, qui semble avoir été adoptée uniquement au point de vue architectural et pour la satisfaction de l'œil, est un pur résultat du calcul. Elle a pour objet de faire porter tout l'effort du vent sur les arêtes des piliers, entre lesquelles, dès lors, au lieu de pièces lourdes et résistantes, il n'y a plus besoin d'intercaler que de légères entretoises, destinées à assurer la stabilité et l'invariabilité du système sous le poids qu'il supporte. Une fois de plus, par cet exemple, on acquiert la preuve que la vraie beauté, en architecture, réside essentiellement dans la parfaite adaptation des moyens au but; de telle sorte que l'édifice qui satisfait le mieux les regards est justement celui dans lequel (que le spectateur s'en rende compte ou non) les conditions fondamentales de la construction ont été le mieux observées.

Le principe une fois posé, tous les soins imaginables ont été apportés à l'exécution. MM. Nouguier et Kœchlin, ingénieurs de la maison Eiffel, et les premiers auteurs du projet, ont calculé chacune des quinze mille pièces de la tour avec la dernière précision, tandis que l'architecte, M. Sauvestre, arrêtait les détails de l'ornementation et ceux du profil des grandes arcades. La difficulté inhérente aux fondations a été très heureusement résolue. Le fond du sol, au Champ de Mars, est formé par une couche d'argile plastique, épaisse de 16 mètres. Mais la Seine a étalé sur cette argile, à l'époque des alluvions anciennes, une nappe de gros graviers qui descend jusqu'à 6 mètres au-dessous du niveau moyen actuel de la rivière. Fort heureusement les fondations n'ont pas eu besoin d'atteindre la base de cette nappe. Au-dessous de chaque pilier, au milieu de ces graviers résistants, garantis par un mur d'enceinte contre le déplacement latéral, on a créé, en partie avec le secours de l'air comprimé, des massifs de béton et de maçonnerie, qui répartissent la charge de telle façon que, l'ouvrage achevé, bien qu'il pèse près de *neuf mille* tonnes (dont 7400 de métal), chaque centimètre carré de fondation supporte une pression qui ne dépasse pas celle qu'exercerait un simple mur en maçonnerie de 9 mètres de hauteur. Le montage a été exécuté, d'une part avec une simplicité de moyens et une prévoyance extraordinaires, de l'autre avec une précision pour laquelle l'épithète de mathématique n'aurait rien d'exagéré. Ceux qui ont suivi l'entreprise se rappelleront toujours l'effet que produisaient, sur leurs beaux soubassements en pierre de Souppes, ces poutres obliques, s'élançant dans les airs à la rencontre les unes des autres, jusqu'au jour où il fût devenu imprudent de ne pas les étayer; puis ces échafaudages, merveilles de légèreté, qui ont permis l'assemblage des cadres du premier étage, à l'achèvement duquel ils n'ont pas eu longtemps besoin de survivre. Enfin les initiés savent quelles précautions avaient été prises, quelles habiles dispositions ménagées, pour pouvoir rectifier en cas de besoin, avec des vérins hydrauliques, les légères déviations que les poutres auraient pu subir. Les tôles, fabriquées à l'usine de Pompey, dans Meurthe-et-Moselle, étaient façonnées aux ateliers de Levallois, conformément aux dessins et aux calculs des ingénieurs. C'est là que furent creusés les *douze millions* de trous destinés à recevoir les rivets; là que furent posés tous ces rivets, à l'exception de ceux par lesquels devait s'opérer, au Champ de Mars, l'ajustage des tronçons; là enfin que ces tronçons furent essayés et vérifiés, non sans avoir reçu une première couche de peinture au minium. Quand, après cette préparation, les pièces arrivaient sur le chantier, il n'y avait plus absolument qu'à les mettre en place, à l'aide de grues habilement agencées, sans qu'une seule retouche y fût nécessaire. Cette méthode, qui consiste à tout calculer d'avance, en ne laissant rien à l'imprévu, est essentiellement caractéristique des travaux exécutés par les ingénieurs français, et la maison Eiffel y est particulièrement fidèle. On peut donc dire que, dans cet ouvrage si exceptionnel, dont aucune fausse manœuvre n'a entravé la marche, l'exécution matérielle a été à la hauteur de la conception.

Le premier coup de pioche aux fondations avait été donné le 28 janvier 1887. Le 31 mars 1889, la construction était achevée. Comme terme de comparaison, il est bon de rappeler que l'obélisque de Washington, commencé en 1848, n'avait gagné en 1854 que 46 mètres de hauteur, lorsque des accidents firent suspendre les travaux jusqu'en 1877. Alors on les reprit, et le monument fut achevé en 1885, ayant marché à raison de 30 mètres par an. Jamais l'avantage du métal, comme rapidité d'exécution, ne se sera mieux montré.

Nous n'avons pas à nous occuper ici de l'utilité qu'on peut tirer d'une tour de 300 mètres, en dehors du rôle qu'elle remplit comme pièce principale de l'Exposition. On sait que les physiciens, les météorologistes, les astronomes, même les militaires, ont projeté mainte expérience pour profiter de cet observatoire unique en son genre, du haut duquel l'œil embrasse un panorama de 120 kilomètres de diamètre. Pour nous, il nous suffit d'y voir la plus brillante, sinon la plus difficile, des conquêtes que l'industrie française ait faites dans le sens de l'emploi rationnel du fer et la preuve acquise que ceux qui dresseront à l'avenir des projets de viaducs métalliques ne seront plus arrêtés par la question de la hauteur des piles. C'était bien là le monument qui convenait à une époque où, nous l'avons démontré, on eût pu décréter la célébration du centenaire des constructions en fer.

Là se termine la revue des constructions métalliques qui ont subi le contrôle définitif de l'expérience. Mais il en est encore, les unes en cours d'exécution, les autres à l'état de projets très voisins de leur réalisation, qui caractérisent trop bien la phase d'audace raisonnée où les ingénieurs sont entrés, pour que nous n'en disions pas ici quelques mots. Nous parlerons d'abord d'un nouveau système pour la traversée des gorges profondes, dont on peut voir un modèle réduit à l'extrémité ouest du palais des Machines.

La solution du viaduc de Garabit a-t-elle fourni le dernier mot en cette matière? L'administration française des travaux publics ne l'a pas pensé et, l'exécution du chemin de fer de Rodez à Carmaux nécessitant le passage d'un ravin escarpé, au fond duquel la rivière du Viaur coule entre deux versants de micaschistes, le gouvernement a mis le projet de traversée au concours. Tout récemment, la préférence a été donnée au système proposé par les ingénieurs de la Société de construction des Batignolles, système aussi simple qu'original et dont le principe mérite d'être indiqué [1].

---

[1] L'étude de ce remarquable projet est plus particulièrement due à MM. Godfernaux et Bodin.

Sur les deux flancs du ravin, à 70 mètres au-dessus du Viaur, doivent être établies deux culées très basses, formées chacune de deux massifs de maçonnerie assez écartés. Là-dessus s'appuiera, reposant sur des rotules, un arc de *deux cent cinquante mètres* de portée et de *quarante-cinq mètres* de flèche, divisé en deux moitiés, également assemblées par une rotule, sur laquelle portera le tablier du chemin de fer, dominant la rivière de 116 mètres. Mais, tandis que, dans les ouvrages dont il a été fait mention jusqu'ici, nous avons toujours vu l'arc indépendant de la poutre qu'il supportait, et à laquelle on le reliait, soit par des pièces de fer formant tympans, soit par des piles secondaires appuyées sur les reins de la voûte, toute autre est la disposition adoptée pour le Viaur. L'arc, les tympans, le tablier, forment un seul tout, et voici comment : de chaque culée partent deux fermes, convergentes comme celles du Douro et de Garabit, c'est-à-dire bien écartées aux naissances, mais se rapprochant l'une de l'autre dans le haut et vers la clef, où leur écartement n'est plus réglé que par la largeur de la voie, ce qui fait qu'elles présentent au vent une surface oblique. Les fermes sont faites de pièces droites en acier, toutes assemblées en triangles. De ces pièces, les unes sont inclinées et engendrent seules, mises bout à bout, la courbe (ou plutôt la ligne brisée) de l'arc surbaissé ; d'autres sont verticales (ou du moins convergent, dans un plan vertical, d'une face à l'autre). Ces dernières vont jusqu'au tablier et de leur sommet descendent en diagonale, vers l'arc, les pièces qui ferment les triangles, tandis qu'en haut, les mêmes montants sont réunis par des entretoises horizontales qui forment le tablier lui-même. Naturellement les triangles vont diminuant d'ampleur jusqu'à la clef. D'ailleurs la ferme de la tête d'amont et celle de la tête d'aval sont reliées par des écrésillons en croix. Mais une voûte ainsi constituée exercerait, sur les culées, une poussée oblique excessive. Pour la contrebalancer, on répète à partir des culées, du côté opposé à l'abîme, mais sur une moindre échelle, ce qui a été fait au-dessus du ravin. C'est-à-dire que l'on construit, accolé au premier montant vertical, un autre système de triangles d'acier, engendrant un demi-arc, plus court que la moitié de l'arche principale, et rejoignant le terrain naturel par une petite travée de raccordement. Le travail de ce demi-arc supplémentaire, absolument lié à la grande arche, a pour effet de réduire la poussée oblique de celle-ci à ce que peut raisonnablement supporter le terrain sur lequel repose la fondation. Il n'y a donc plus, comme au Douro et à Garabit, un arc auquel on peut reprocher de travailler à la fois par flexion et par compression (à cause des piles qui s'appuient sur ses reins). Il n'y a qu'un système homogène,

où tous les efforts sont régulièrement coordonnés, où toutes les
parties travaillent simultanément et concourent au même but, en
utilisant la résistance propre du terrain. C'est la réalisation du
rêve poursuivi par les constructeurs, lorsque M. Albaret, par
exemple, cherchait, par une meilleure disposition des pièces, à
intéresser les tympans à l'effort des arcs, tandis que d'autres
imaginaient d'y faire participer les tabliers, en ancrant ceux-ci
dans les culées. On peut donc dire que la hardiesse et la simplicité
du projet sont égalées par la valeur des considérations rationnelles
sur lesquelles il est basé. Il ne reste plus qu'à souhaiter l'exécution
prochaine de ce plan, qui ne peut manquer d'être, pour l'industrie
métallique française, l'occasion d'un nouveau succès.

Seulement la traversée du Viaur appartient encore à l'avenir et
ce n'est que par voie d'escompte, légitime à coup sûr, mais attendant la sanction de l'échéance, que nous pouvons la faire entrer
parmi les prouesses de l'industrie moderne. Il n'en est pas de
même d'un autre travail, qui depuis quelques années s'exécute,
dans le nord de l'Europe, au milieu de l'attention, on peut dire de
l'admiration de tous les hommes du métier.

Sur la côte orientale de l'Écosse s'ouvre, à la hauteur d'Edimbourg, une profonde découpure appelée Firth of Forth. Ce bras de
mer, ou plutôt cet estuaire (car c'est l'embouchure de la rivière
du Forth), oblige à un long détour par Stirling pour faire commu-
niquer directement le pays d'Edimbourg avec le comté de Fife qui
lui fait face. Pour éviter ce circuit, l'ingénieur Baker poursuit en
ce moment, devant Queensferry, au point où l'estuaire subit un
étranglement, l'exécution d'un travail sans précédents. Il s'agit
d'un pont, tout en acier doux, d'un poids total de 45 000 tonnes,
dont le tablier est établi à 45 mètres au-dessus du niveau de la
mer, et où deux travées contiguës doivent avoir chacune *cinq cent
quatre-vingts mètres*, d'axe en axe des supports, dont *cinq cent
dix-sept* mètres suspendus sur le vide! Voici comment M. Baker
accomplit ce tour de force.

Le peu de profondeur de l'estuaire ayant permis l'établissement
de fondations solides, exécutées à l'air comprimé, on a pu jeter au
milieu quatre colonnes en maçonnerie, qui dépassent à peine le
niveau de l'eau et dont les axes circonscrivent un rectangle d'environ 80 mètres de long (dans le sens de la direction du pont)
sur 40 mètres de large. Sur ces quatre supports se dressent, attei-
gnant *cent cinq mètres* de hauteur, des tubes d'acier, reliés à la
base et au sommet par d'autres tubes horizontaux et consolidés en
outre, sur chaque face, par une immense croix de Saint-André. Ce
gigantesque cadre d'acier va servir d'attache pour le pont. A cet

effet, du sommet comme de la base des colonnes du cadre, on fait partir obliquement, dans la direction du pont projeté, de longs tubes d'acier destinés à se rejoindre au-dessus du vide, juste à la hauteur prévue pour le tablier. Ceux qui partent du haut agissent comme feraient des câbles rigides, soutenant le tablier d'un pont suspendu ; ceux du bas équivalent aux supports d'une console. Les deux systèmes de tubes sont prolongés, au delà de leur rencontre mutuelle, jusqu'à ce qu'on ait constitué, de cette manière, les deux diagonales d'un trapèze, qu'on ferme alors en reliant les extrémités libres au sommet comme à la base des colonnes. Celles-ci servent donc d'attache à un véritable encorbellement, à une console qui surplombe le vide. Bien entendu, ce qu'on fait à droite, on a soin de le faire en même temps à gauche, pour que le cadre-culée soit toujours exactement en équilibre.

A chaque trapèze ainsi construit, on en adjoint un autre, nécessairement plus petit et attaché au premier comme celui-ci l'était à la culée, et on continue de cette façon, les trapèzes diminuant toujours d'ampleur, jusqu'à ce que la console, devenue complète, soit, de part et d'autre, *en porte-à-faux de cent soixante-dix-huit mètres*. Or, pendant que la culée du milieu voyait s'allonger ainsi les deux consoles auxquelles elle sert d'attache commune, on a construit, à 580 mètres de distance de l'axe de cette culée, deux cadres semblables (quoique plus courts de moitié), et dont chacun, formant pile, est l'origine de consoles identiques avec les précédentes. Il arrive donc un moment (et c'est précisément à ce point qu'est parvenu le travail à l'heure où nous écrivons) où, dans chacune des deux travées principales, les consoles qui se font face ne sont plus séparées l'une de l'autre *que par* un intervalle de *cent soixante mètres*. C'est sur ce vide qu'on doit lancer hardiment un tablier droit métallique, par lequel les travées seront définitivement fermées. Ainsi qu'à Garabit, les tubes d'acier sont convergents, et l'ouvrage, de plus en plus étroit à mesure qu'il s'éloigne des piles, offre moins de prise au vent. Comme, dans un travail de cette importance, il est impossible de fixer d'avance, d'une manière rigoureuse, la déformation que le montage peut infliger aux pièces, celles-ci sont apportées sur le chantier à l'état de simple préparation. Une grande initiative est laissée aux monteurs, et l'assemblage ne s'opère (là où les tubes doivent se croiser) qu'après qu'on a réellement imposé aux pièces, par l'action de presses hydrauliques, l'effort en vue duquel elles ont été prévues.

L'aspect général du pont, comme on en peut juger par le modèle qui figure dans la galerie des Arts libéraux, est sans doute peu fait pour réjouir ceux qui gardent le souci de l'esthétique. Là-dessus les Anglais ont coutume de passer volontiers condamnation. Du moins, en fait d'audace, rien de pareil n'aura encore été tenté et comme le succès définitif, qui ne fait de doute pour personne, est prochain, nous y pouvons applaudir comme au *nec plus ultra* de l'habileté des ingénieurs.

On remarquera que le pont du Forth, en raison des efforts particuliers auxquels le métal est soumis pendant la construction, a dû être fait en acier ou, du moins, avec cette variété assez nouvelle de fer élastique et résistant qu'on désigne indifféremment sous les noms de *fer fondu*, de *fer homogène*, d'*acier doux*. Les progrès de la métallurgie ont assez abaissé le prix de cette matière pour qu'elle puisse devenir d'un usage courant. C'est ainsi qu'elle a pu être prescrite pour les semelles des arcs du nouveau pont de Rouen (de cinquante-cinq mètres de portée), comme pour les ponts en construction à Lyon. M. Eiffel l'avait employée pour certains ouvrages, tels que le pont de Morannes, sur la Sarthe, celui de Monistrol, sur l'Allier, etc., et nous avons vu qu'elle était prévue pour le viaduc du Viaur. Là encore, c'est une nouvelle conquête de l'industrie métallurgique qui permet aux ingénieurs de reculer les limites de la hardiesse.

On conçoit qu'encouragés par le succès de M. Baker, des ingénieurs aient conçu et même lancé le projet d'un pont métallique, destiné à franchir le Pas-de-Calais. Toutefois, ce n'est pas la même chose de construire, loin de la haute mer, deux travées de 500 mètres, dans un estuaire de profondeur modérée, ou d'en vouloir jeter *soixante-quatre* semblables, à raison de deux par kilomètre, sur un détroit où les courants sont rapides, où la mer est souvent très mauvaise et où la profondeur est par places de 60 mètres. Jusqu'à nouvel ordre au moins, ce projet nous semble entaché d'une excessive témérité, et il nous paraît que si, par impossible, on parvenait à l'exécuter, peu de trains y passeraient avant qu'une tempête réussît à l'emporter.

Aussi, pour demeurer dans l'ordre des choses immédiatement réalisables, préférons-nous terminer cette revue des hardiesses présentes, en disant deux mots du projet dressé par MM. Bartissol et Seyrig pour la traversée du Tage à Lisbonne. Ce projet comporte des arcs surbaissés, en acier, de *trois cents mètres* d'ouverture, laissant à la clef 50 mètres pour le passage des navires. Ces arcs qui devront être construits, comme ceux du Forth, suivant le système des consoles exactement équilibrées, seront séparés les uns des autres, non plus par des cadres disgracieux, mais par d'autres arches plus petites, de 160 mètres d'ouverture, dont chacune jouera, relativement aux grandes arches qui s'y appuieront, le rôle de support des consoles. Que ce projet soit matériellement exécutable, le nom de l'ingénieur du pont-route de Porto en est une suffisante garantie. Nous aimons seulement à relever, pour y applaudir, le soin, digne de l'école française, avec lequel les auteurs insistent, dans leur exposé, sur le respect dû au beau panorama du Tage et sur le sacrilège (le mot est d'eux) dont on se rendrait coupable en adoptant, en face d'un aussi magnifique paysage, la solution d'une poutre droite, à lignes rigides et inflexibles.

A cet égard il est intéressant de lire, dans les *Mémoires de la Société des ingénieurs civils*, la comparaison, faite par M. Seyrig, des divers projets présentés pour le pont-route de Porto. Tous ceux qui sont signés de noms français trahissent la préoccupation de l'esthétique dont, au contraire, les projets anglais sont complètement exempts. Quant à ceux qui émanent d'ingénieurs allemands, on y voit surtout la pensée d'accuser des dispositions rationnelles et conformes à la théorie, sans autre souci du paysage.

L'étude qu'on vient de lire semble n'avoir été qu'un long chant de triomphe en l'honneur des constructions métalliques. Encore n'avons-nous pas, à beaucoup près, épuisé la revue de leurs succès. Car il aurait fallu faire une part à l'histoire de l'emploi du fer et de l'acier dans les navires, depuis la modeste carcasse de l'*Aaron Mamby*, construit en 1821 pour la navigation entre Londres et Paris, jusqu'à ces énormes cuirassés, comme le *Brennus*, qui absorbent près de 7000 tonnes de métal (presque autant que la tour Eiffel), dont 3000 pour la coque et le reste pour le cuirassement !

S'il nous avait été loisible d'aborder ce sujet, nous aurions vu la marine devancer résolument les travaux publics dans l'usage de l'acier, si bien indiqué pour des bâtiments d'un poids énorme et soumis à d'énergiques efforts. Mais l'application du métal aux constructions navales mériterait à elle seule un article, qui demanderait une plume compétente et, en somme, nous croyons en avoir dit assez pour faire apprécier le rôle considérable que cet élément remplit aujourd'hui.

En résulte-t-il que, dans notre pensée, la nouvelle architecture ait à tout jamais détrôné l'ancienne, que le fer soit désormais seul maître du terrain et que les monuments de pierre ne doivent plus appartenir qu'à l'histoire ? Telle ne sera pas notre conclusion, quelque admiration que nous inspirent les efforts déployés par le génie de l'homme, dans la voie nouvelle qui s'ouvrait à lui. Et puisque nous avons prononcé le mot de triomphe, qu'on nous permette, au milieu de cette apothéose du fer, qui se célèbre avec un juste éclat au Champ de Mars, de jouer un instant le rôle de l'esclave antique, chargé de rappeler discrètement, aux oreilles du triomphateur, la fragilité des gloires d'ici-bas.

Oui, le fer permet de franchir sans appui des espaces d'une portée invraisemblable, de couvrir d'une seule voûte un bâtiment capable d'abriter des centaines de mille personnes. Mais quelle sera la durée de ces constructions grandioses? Le métal a des ennemis, qui travaillent sans relâche à sa destruction. L'un d'eux, le plus acharné, est la rouille, dont on ne peut le défendre que par une peinture fréquemment renouvelée, qui n'est pas sûre de pouvoir atteindre toutes les parties, notamment ces jonctions des rivets avec la tôle, entre lesquelles, si souvent, l'ennemi est emprisonné, assuré d'accomplir en silence son œuvre malsaine. Une autre cause de destruction est l'instabilité des rivets, dont la tête n'a que trop de tendance à se détacher, tandis que le corps est exposé au cisaillement. Combien d'ouvrages métalliques exigent, pour ce motif, un entretien constant, qui vient singulièrement en atténuation de l'économie réalisée dans la construction! Cet inconvénient est surtout sensible avec les poutres qui ont subi le lançage, ou qui ont été montées en porte-à-faux, c'est-à-dire en supportant, dans les deux cas, des efforts exceptionnels, parfois trop voisins de la limite d'élasticité. On a reconnu aussi, tout récemment, que la tôle peut être grandement altérée dans sa résistance si les trous des rivets sont forés par percussion, et si ces derniers sont ajustés au marteau, comme c'est l'usage le plus général. Percer les trous à la tarière, en aléser les bords pour donner moins de prise à la rouille, façonner les têtes des rivets, sans choc, par l'action d'une presse hydraulique, voilà des précautions aujourd'hui indiquées par la prudence : précautions d'ailleurs coûteuses, et dont l'une, la rivure à la presse, est inapplicable à de grandes hauteurs au-dessus du sol.

A côté de cela, quelle merveilleuse stabilité que celle des ponts ou des viaducs en granite, lesquels, si la maçonnerie a été faite avec soin, peuvent ne jamais exiger le moindre entretien et qui demeurent défiant les siècles, en même temps qu'ils satisfont l'œil par leur masse et par la beauté de leurs lignes! Entre les ouvrages d'art en pierre et ceux en métal, il y a généralement la différence d'un corps bien membré, bien garni de chairs et de peau, avec un squelette, dont la contemplation est difficilement agréable, quelque imposante et bien agencée qu'en soit l'ossature. Et quand on pense qu'il est aisé de faire des ponts en pierre de 50, 55, même de plus de 60 mètres de portée, comme celui de

Lavaur [1], n'en faut-il pas conclure qu'il conviendrait peut-être de moins abuser du fer dans les grands travaux publics et d'en réserver l'application aux circonstances exceptionnelles, où l'emploi de la pierre est réellement interdit?

Il est vrai qu'au temps où nous sommes, on peut dire que c'est presque un contre-sens de viser à la durée. Tout change avec une rapidité inouïe. A peine le crédit d'une invention est-il établi qu'une autre survient qui la détrône, avant qu'on en ait recueilli le bénéfice. Le fer convient donc bien à cette civilisation hâtive et changeante, où l'on veut jouir de suite, parce qu'on connaît trop les incertitudes du lendemain. Soit; acceptons cette donnée; réjouissons-nous, même, comme nous l'avons fait ici de bon cœur, au spectacle des tours de force qu'elle enfante et qui sont un honneur pour notre génération. Mais du moins qu'on nous permette de garder, au fond du cœur, un pieux respect et même une préférence intime pour les ouvrages durables, marques d'une civilisation exempte de fièvre, où l'on sait dépenser ce qu'il faut pour épargner aux générations à venir un incessant et coûteux entretien. Sans doute l'emploi de la belle et bonne pierre est loin d'être partout applicable; nous le reconnaissons volontiers. Ce que nous demanderions simplement, c'est qu'on tendît plutôt à élargir son domaine qu'à le laisser envahir par le fer et l'acier, comme on n'y est que trop disposé; il est si tentant de commander à un atelier de constructions quelques poutres de tôle, dont il fera lui-même l'étude et la pose! Nous oserons donc formuler ce souhait, malgré son apparence réactionnaire, de voir le métal réservé ou pour les travaux d'extrême urgence, ou pour les édifices à destination spéciale, ou pour les portées que la pierre ne saurait franchir. Fût-il ainsi réduit, son rôle serait encore assez beau et le génie humain y trouverait une suffisante occasion de se manifester avec éclat.

---

[1] Un modèle de ce beau pont figure au Trocadéro, dans le pavillon du ministère des travaux publics, non loin d'une reproduction du viaduc de Garabit.